本书出版获得国家自然科学基金青年项目（编号：71501145）的资助

湖北省学术著作出版专项资金
Hubei Special Funds for Academic Publications

大 数 据 环 境 下 的 信 息 管 理 方 法 技 术 与 服 务 创 新 丛 书

业务流程柔性

——战略、创新与实践

Business Process Flexibility: Strategy, Innovation and Practice

龚艺巍　著

WUHAN UNIVERSITY PRESS
武汉大学出版社

图书在版编目(CIP)数据

业务流程柔性:战略、创新与实践/龚艺巍著.—武汉：武汉大学出版社,2020.9
大数据环境下的信息管理方法技术与服务创新丛书
湖北省学术著作出版专项资金资助项目
ISBN 978-7-307-21293-0

Ⅰ.业…　Ⅱ.龚…　Ⅲ.企业管理—业务流程　Ⅳ.F273

中国版本图书馆 CIP 数据核字(2019)第 268463 号

责任编辑:陈　豪　　责任校对:汪欣怡　　版式设计:马　佳

出版发行：武汉大学出版社　（430072　武昌　珞珈山）
（电子邮箱：cbs22@whu.edu.cn　网址：www.wdp.whu.edu.cn）
印刷：武汉中远印务有限公司
开本:720×1000　1/16　印张：13.5　字数:194 千字　插页:2
版次:2020 年 9 月第 1 版　2020 年 9 月第 1 次印刷
ISBN 978-7-307-21293-0　定价:42.00 元

前　　言

现如今复杂多变的外部环境下，业务流程管理（business process management，BPM）取代了原有的靠经验及简单规章制度的组织运营模式，成为组织发展过程中不可替代的角色。政策的改变、市场环境的变化、客户需求的变更、生产和服务的调整或者组织之间的合作都有可能引起原有业务流程的变更。业务流程柔性是组织应对流程变更的能力。成功的经验表明，柔性是组织在剧烈变化的环境中生存和发展的一个极其重要和不可或缺的因素。实现和改进业务流程柔性是业务流程管理的重要目标之一。

业务流程管理是一个跨学科的领域，并在各行各业的广泛应用当中积累了多种方法论和实践经验。这其中有大量文献记载主要围绕着业务流程管理的实现过程展开，其作用是为了提供一种指示性的工作方法和经验总结，而对于实现业务流程柔性的方法的探讨涉及较少。本书以控制复杂度和协调理论为基本出发点，结合对流程柔性观测的方法，在众包模式的背景下构造可行的方法，以实现和提高流程柔性。

本书第 1 章介绍业务流程管理领域的基本概念

以及业务流程柔性的定义。第 2 章介绍业务流程柔性的内涵及其观测方法的基本思路与框架。第 3 章是本书的理论核心，主要讨论如何进行复杂度的控制，并介绍控制结构复杂度和过程复杂度的方法论，以及它们与业务流程柔性之间的关系。第 4 章介绍众包模式以及业务流程众包的基本概念，并为后面章节的实验介绍背景情况。第 5 章从控制结构复杂度的角度出发，介绍流程众包中任务分解的方法及其实验和效果。第 6 章从控制过程复杂度的角度出发，介绍构造众包匹配模型的方法，并通过实验研究该方法的有效性。第 7 章介绍社会化业务流程管理的研究现状、发展机遇和挑战。最后在第 8 章我们以浙江省“最多跑一次”政务服务改革为案例，探讨在复杂的大数据环境下柔性业务流程的实践方法和经验。

在本书的写作过程中，武汉大学信息管理学院的袁析妮、施肖洁和王小敏同学分别对本书的第 5、6、7 章做出了大量的贡献，阿里云智能研究中心战略总监杨军先生为第 8 章提供了大量的数据资料，在此对他们的努力表示感谢。

本书主要面向研究业务流程管理和流程柔性、众包等方向的学者和研究生，并为相关研究工作提供参考。

CONTENTS 目 录

1 业务流程管理简介

业务流程的概念主要基于对企业向市场推出其产品或服务的一系列活动的执行和结果的观察，而业务流程管理（business process management，BPM）是企业组织这些活动和理解这些活动之间的相互关系的关键工具。现如今复杂多变的外部环境下，对于一个企业或政府部门（下文统称为组织）而言，业务流程管理取代了原有的靠经验及简单规章制度的组织运营模式，成为组织发展过程中不可替代的角色。因此业务流程管理对于大多数组织而言是一项非常重要的工作，它可以帮助组织改进和提高工作运营的效率，为终端客户创造更多的价值，同时也能在不断的改进中实现创新和整体管理水平的提升。本章内容主要介绍业务流程管理的基本概念。

1.1 业务流程的基本概念

关于业务流程管理这一概念的起源和兴起，有一种常见的说法认为其来自于 20 世纪 90 年代流行的业务流程再造（business process reengineering）运动[1][2]。在当时的实践和研究当中，业务流程被看做“某一组活动为一个业务流程，这组活动有一个或多个输入，输出一个或多个结果，这些结果对客户来说是一种增值”[3]。又如 Davenport 和 Short 将业务流程定义为“一系列结构化的可测量的活动集合，并为特定的客户或市场产生业务输出”[4]。由此可见，早期的业务流程概念倾向于从业务产生过程的输入和输出角度来定义业务流程，并通过输入强调业务流程所需要的资源，包括被加工的资源和满足加工需要的技术设备等工作条件；与此同时，通过输出强调业务流程对客户的价值所在（见图 1-1）。

如果说早期的业务流程概念倾向于强调业务流程的输入和输出，并将其中间的处理过程看成黑盒，那么后期的业务流程概念则更倾向于把业务流程的中间过程看做一个白盒，其定义范畴更广，定义内容更加全面。例如，Weske 认为业务流程的概念主要基于对企业向市场推出其产品或服务等一系列活动的执行及其结果的观察，而业务流程管理是企业组织这些活动和理解这些活动之间的相

① 关于业务流程管理的起源，有多种看法，Hammer 提出，以六西格玛为代表的管理理念也是业务流程管理的前身之一。本书作者认为无论是六西格玛，甚至是更早出现的泰勒的管理思想，还是稍后出现的业务流程再造和精益管理等理念，这些都为 20 世纪人们对于业务流程管理理论和实践的探索与总结提供了丰富的土壤。至今，业务流程管理与这些管理理念之间，在概念、方法和工具当中仍有许多互相包含和借鉴的内容。与此同时，计算机科学领域，尤其是工作流（workflow）领域的方法和工具的发展也可以被看做是业务流程管理技术领域的源头之一。

② Hammer M. What is Business Process Management?［M］// Vom Brocke J, Rosemann M. Handbook on Business Process Management 1: Introduction, Methods, and Information Systems. Heidelberg: Springer, 2015: 3-16.

③ Hammer M, Champy J. Reengineering the Corporation: A Manifesto for Business Revolution［M］. New York: Harper Business, 1993.

④ Davenport T H, Short J E. The New Industrial Engineering: Information Technology and Business Process Redesign［J］. Sloan Management Review, 1990, 30 (4): 11-27.

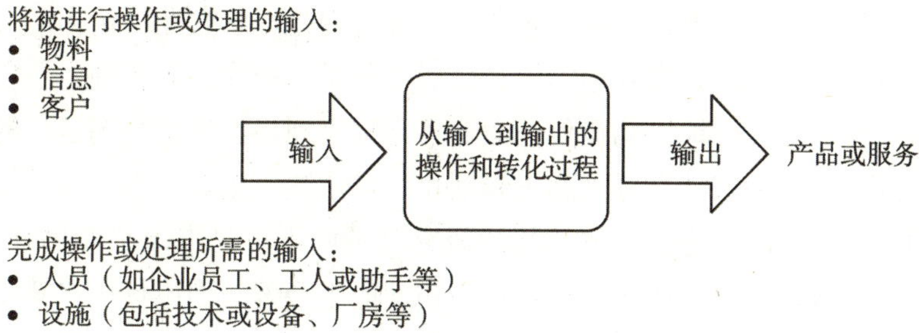

图 1-1 业务流程概念中输入和输出的概念示意图

互关系的关键工具①。在业务流程当中，单个活动（activity）也被称为任务（task），它代表了在业务流程的观察和讨论当中最小的单元。从概念范畴上讲，业务流程管理包括了支持业务流程设计、执行、管理和分析的方法、技术和工具②。

从技术的角度来看，业务流程管理领域是信息技术和管理科学相关知识的结合与应用③。业务流程管理可以看做工作流管理（workflow management，WFM）领域的扩展。工作流领域主要关注业务流程的自动化执行及其技术实现，而业务流程管理不光涉及技术层次的实现，同时还涉及组织和管理层面的工作④。因此，业务流程管理的目标一方面是在不更换原有技术的基础上，改进和提高现有的业务流程，例如通过分析现有流程的运行情况，试图提高服务质量或者降低运营成本；另一方面是更好地使用信息技术为业务流程提供支撑和服务，包括采用更有效或更先进的技术来实现业务

① Weske M. Business Process Management：Concepts，Languages，Architectures［M］. 2nd ed. Heidelberg：Springer，2012.

② Van Der Aalst W M P，Ter Hofstede A H M，Weske M. Business Process Management：A Survey［M］// Ter Hofstede A H M，Weske M. Business Process Management. Heidelberg：Springer，2003：1-12.

③ Weske M. Business Process Management：Concepts，Languages，Architectures［M］. 2nd ed. Heidelberg：Springer，2012.

④ Van Der Aalst W M P. Business Process Management：A Comprehensive Survey［J］. ISRN Software Engineering，2013：507984.

流程。后者是传统的工作流领域所关注的焦点。

从组织层面上讲，一个企业的业务流程是理解其业务运作的关键所在：企业能否高效地完成自己的业务目标，取决于各种企业资源是否能够良好地协调运作，而业务流程管理是促进该协同运作的关键概念。随着社会分工越来越细化，供应链、企业生态系统等大型合作关系的出现，业务流程的研究范围已不再局限于企业内部，而是跨越企业组织边界，包括从最初期的生产筹备到市场用户获得相应的产品和服务。当前，人们对业务流程的理解更加强调业务流程的内外部元素间的相互影响。例如，Weske 将业务流程定义为："由需要在组织和技术环境下协调工作的一系列活动所组成，并由这些活动共同实现业务的目标。每个业务流程可以在单个组织内执行，但也可以与跨越不同组织的业务流程之间相互作用。"① 咨询组织 Forrester 将业务流程管理定义为跨职能业务活动的设计、执行和优化，这些业务活动由人员、流程和功能组成。它是以流程为核心的一套管理体系，密切关注流程是否增值，并对流程的全生命周期进行有效管理②。

1.2 业务流程管理的生命周期

上文在讨论业务流程管理的定义时提到了生命周期的概念。业务流程管理中的各项工作根据其生命周期的概念可以被划分入若干个阶段。虽然划分的方法不一，但是通常来说，业务流程管理的生命周期可以分为四个阶段：设计，配置，实施和诊断。如图 1-2 所示：

设计阶段的工作包括对现有流程的梳理与改进，以及对未来流

① Weske M. Business Process Management: Concepts, Languages, Architectures [M]. 2nd ed. Heidelberg: Springer, 2012.

② Business Process Management (BPM) [EB/OL]. https://www.forrester.com/Business-Process-Management- (BPM).

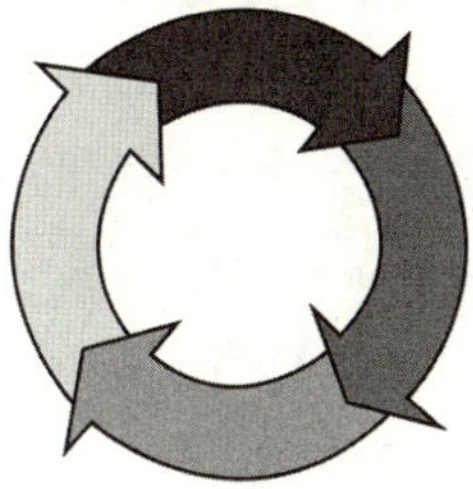

图 1-2　业务流程生命周期①

程的规划，该阶段所产生的流程模型将会被该流程的其他生命周期阶段所使用。因此，一个良好的设计将会为后面的管理阶段减少许多麻烦。设计阶段既要对业务流程的输入输出（端到端）的内容进行规划，同时也要对中间的流程任务和步骤进行整理和优化，并最终设计出良好的业务流程模型。在该阶段，有多种技术和工具可以使用，本章的下一节会对常见的技术和工具做一个简短的介绍。

配置阶段主要根据业务流程模型的定义，将业务流程中与业务的相关操作和软件系统的相关内容关联起来，使业务流程在软件中变得可操作。例如，业务过程执行语言（business process execution language，BPEL）就是一种业界常见的用来描写业务流程中每个任务应当如何执行的编程语言，同时也是业界的规范之一。该语言基于 XML，被描写的业务流程的每个单一步骤则由 Web 服务来实现。虽然 BPEL 的名字上冠以“执行”二字，但是在实际上配置和执行关系密切，在配置阶段通过 BPEL 定义好流程的具体执行过程，才允许流程在下一个阶段能够根据定义的要求具体执行。配置阶段可以在支持 BPEL 的环境下完成，例如在 Eclipse 等开源工具环境下，或者是业务流程管理系统提供商提供的商用工具环境。

① Van Der Aalst W M P, Ter Hofstede A H M, Weske M. Business Process Management: A Survey [M] //Ter Hofstede A H M, Weske M. Business Process Management. Heidelberg: Springer, 2003: 1-12.

执行阶段是在业务流程管理系统提供的业务流程引擎及相关工具的支持下，将配置好的系统运行起来，使业务流程按照设计模型在相关引擎上自动流转，并引导或带动软件系统的相关模块和内容自动运转。市面上有多种支持 BPEL 的引擎，常见的有 Oracle BPEL Process Manager 和 Apache ODE 等。由于配置和执行阶段关系密切，因此也有把配置和执行当成是一个阶段的说法。

诊断阶段主要是应用各种系统分析工具对可操作过程及相关数据进行分析，以发现问题并得到改进建议。在一些生命周期划分当中，将诊断划分为监控和优化两个阶段①。不管如何划分，该阶段的主旨都是获取并根据流程执行过程中产生的数据，从而判断流程是否达到预期的目标并寻找改进的机会。分析和改进的方法往往可以和六西格玛、精益管理等思想结合，最后实现进一步提升效率的结果。例如，六西格玛中的 DMAIC 方法，即由定义（define）、测量（measure）、分析（analyze）、改进（improve）、控制（control）五个阶段构成的过程改进方法；以及精益管理当中的价值流图（value steam mapping）等。

1.3 业务流程建模技术

业务流程建模是 BPM 生命周期中设计阶段的一个重要步骤②③④⑤，同时是对业务逻辑的形式化表达。业务流程建模是一

---

① 辛鹏，荣浩．流程的永恒之道：工作流及 BPM 技术的理论、规范、模式及最佳实践［M］．北京：人民邮电出版社，2014.

② Van Der Aalst W M P. Business Process Management：A Comprehensive Survey［J］. ISRN Software Engineering，2013：507984.

③ Business Process Management（BPM）［EB/OL］. https：//www. forrester. com/Business-Process-Management-（BPM）.

④ 辛鹏，荣浩．流程的永恒之道：工作流及 BPM 技术的理论、规范、模式及最佳实践［M］．北京：人民邮电出版社，2014.

⑤ Gerth C. Business Process Models：Change Management［M］. Heidelberg：Springer，2013.

个复杂的过程，而且多种不同的建模技术各具特色。大体上，业务流程建模技术主要有两大类：基于图的建模和基于规则的建模①。有的学者也称为命令式业务流程建模和声明式业务流程建模②。

在基于图的建模中，业务流程是在流程图中进行定义的，业务流程中的每个业务活动（activity）通过流程图中的节点来表示，节点之间则通过控制流和数据的相关性进行连接。流程图模型可以对流程的需求提供明确的规范。基于图的建模技术通常适用于描述静态的（即预定义的）业务流程。常见的基于图的建模技术包括但不限于：

- 各种支持 BPMN 2.0③（business process model and notation）④（示例见图 1-3）的可执行建模方法技术，如 XPDL（XML process definition language）⑤。
- 各种基于 Petri Net（示例见图 1-4）的建模技术，如 YAWL（yet another workflow language）。

这里值得一提的是，有相当一部分基于图的建模技术被广泛地当作交流的工具来使用，而不是用来创建可被计算机系统执行的业务流程模型，比如 UML（unified modeling language）的活动图（UML activity diagrams）。这些技术不支持自动化流程的执行。

---

① Lu R, Sadiq S. A Survey of Comparative Business Process Modeling Approaches [M] // Abramowicz W. Business Information Systems. Heidelberg: Springer, 2007: 82-94.

② Schonenberg H, Mans R, Russell N, et al. Process Flexibility: A Survey of Contemporary Approaches [M] //Dietz J L G, Albani A, Barjis J. Advances in Enterprise Engineering I. Heidelberg: Springer, 2008: 16-30.

③ BPMN 2.0 简介请见附录 A。

④ OMG. Business Process Model and Notation (BPMN) [S]. Object Management Group, 2011.

⑤ WFMC. Workflow Management Coalition Workflow Standard: Process Definition Interface-XML Process Definition Language [S]. The Workflow Management Coalition, 2012.

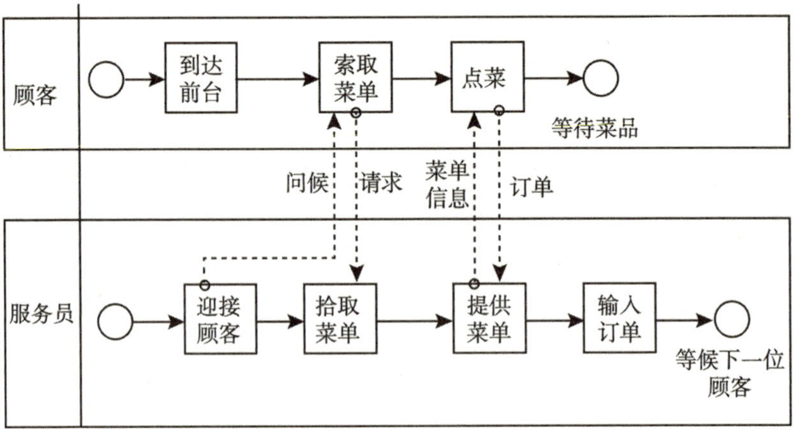

图 1-3　BPMN 流程图示例（一名顾客的点餐流程）

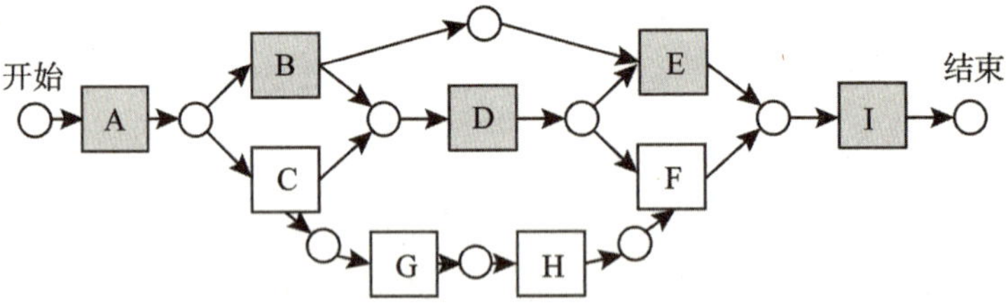

图 1-4　一个基于 Petri Net 形态的流程示意图

在典型的基于规则的建模方式当中，业务流程的逻辑被抽象成一组规则，每个规则与一个或多个业务活动相关联，并指定该活动的特性，比如其执行的前置或者后置条件等。基于规则的建模常用于描述动态的业务流程。在业务流程管理领域，大量基于规则的建模技术被广泛应用到业务规则（business rule）的研究当中，常见的技术包括但不限于：

- 决策树（如图 1-5 所示）。
- 决策表（如图 1-6 所示）。

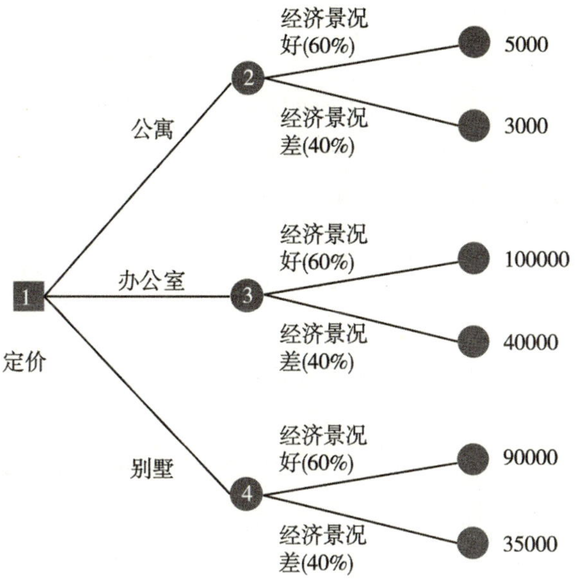

图 1-5　决策树示例（房屋定价）

决策规则号		1	2	3	4
条件	库存量小于最低储备量	Y	N	N	N
	库存量大于等于最低订货点	—	Y	N	N
	上月销售额超过 5000 元	—	—	Y	N
采取的决策	订货	✓		✓	
	不订货		✓		✓

图 1-6　决策表示例（订货决策）

- 各种支持形式逻辑（formal logic）的规则语言，比如 Prolog（如图 1-7 所示）等。
- 各种具备推理引擎支持的语义技术，如 semantic networks 和 OWL（web ontology language）等。

```
father_child(tom,sally).
father_child(tom,erica).

sibling(X,Y)    :-parent_child(Z,X),parent_child(Z,Y).
parent_child(X,Y):-father_child(X,Y).
parent_child(X,Y):-mother_child(X,Y).

输入:? -sibling(sally,erica).
输出:Yes
```

图 1-7 Prolog 语言示例(同胞关系推理)

这里同样值得一提的是，一些广泛使用的规则语言也仅当作交流工具来使用，而不具备可以自动执行的推理引擎，比如 SBVR (semantics of business vocabulary and business rules)。这些技术同样也不支持自动化流程的执行。

由于两种建模技术各具特点，而某些业务流程的类型或者业务环境可能需要结合两种技术进行业务流程建模，比如当业务流程只有一部分是静态而其余部分是动态和不确定的时候；因此近年来出现了不少关于这两种技术之间结合互补的研究，并成了一种趋势。早在 1991 年，Krogstie 等学者便提出可以通过融合基于图和基于规则的建模技术更好地描述流程的动态特征，同时避免了由于大量使用业务规则所带来的维护问题①。后期在这方面的研究当中对柔性的需求被提到了一个显著的位置。比如 Sadiq 等学者设计了一组约束条件作为融合两种建模方式的机制，希望借此机制对业务流程的部分环节进行静态定义的同时，另一部分环节可以采用动态的定义

① Krogstie J, Mcbrien P, Owens R, et al. Information Systems Development Using a Combination of Process and Rule Based Approaches [M] //Andersen R, Bubenko J A, Sølvberg A. Advanced Information Systems Engineering Heidelberg: Springer, 1991: 319-335.

以提高流程的柔性①。类似的，Kumar 和 Yao 通过在以 BPMN 为基础的通用流程模板中插入用 Prolog 语言描述的业务规则来提高整个流程的柔性②。随着 SOA（service-oriented architecture）的广泛应用，另外一些学者也提出了在 BPEL 模型中嵌入业务规则以实现动态 Web 服务组合（dynamic web service composition）的方法来提高业务流程的柔性③。

1.4 业务流程柔性

企业需要时刻应对激烈的市场竞争、快速的技术创新和不断变化的客户需求；政府部门需要及时落实最新的法规和政策，向社会和民众提供规范且便利的政务服务；组织间合作的过程，比如供应链企业之间的合作或者政府部门之间的一站式服务，都涉及对自身业务流程的调整。成功的经验表明，柔性是组织在剧烈变化的环境中生存和发展的一个重要的和不可或缺的因素④。简要地说，柔性是应对变化的基本能力⑤。实现和改善业务流程柔性（process flexibility）是 BPM 的重要目标之一。面对激烈的商业竞争和瞬息

---

① Sadiq S W, Orlowska M E, Sadiq W. Specification and Validation of Process Constraints for Flexible Workflows [J]. Information Systems, 2005, 30 (5): 349-378.

② Kumar A, Yao W. Process Materialization Using Templates and Rules to Design Flexible Process Models [M] // Governatori G, Hall J, Paschke A. Rule Interchange and Applications. Heidelberg: Springer, 2009: 122-136.

③ D'mello D A, Ananthanarayana V S, Salian S. A Review of Dynamic Web Service Composition Techniques [M] // Meghanathan N, Kaushik B K, Nagamalai D. Advanced Computing. Heidelberg: Springer, 2011: 85-97.

④ 黄丽华，葛永利，富小丽，等. 企业过程柔性的概念框架 [J]. 系统工程理论与实践，1999，19（10）：63-68.

⑤ Li L, Zhao X. Enhancing Competitive Edge through Knowledge Management in Implementing ERP Systems [J]. Systems Research and Behavioral Science, 2006, 23 (2): 129-140.

万变的市场情况，柔性是诸多企业所急需的一种能力①。具有柔性的业务流程可以帮助企业应对不断增长的需求变化和不确定性。

长期以来，业务流程柔性的重要性在 BPM 领域已经得到大家的公认。在近几年的国际 BPM 大会（International Conference on Business Process Management）以及国内的“中国业务管理过程大会”上，业务流程柔性已经成为主议题之一。然而对于流程柔性的定义，学术界尚未达成一致的认识。在 BPM 领域内，最早的关于业务流程柔性的定义来自 Heinl 等学者，他们认为流程柔性可以分为“由业务流程类型所提供的柔性”和“由业务流程系统所提供的柔性”。由业务流程类型所提供的柔性通过为业务流程的使用者提供多个可选择的流程执行路径而带来一定程度上的自由度，由业务流程系统所提供的柔性则归结为对业务流程的修改，包括一些到目前为止尚未预见的流程执行路径②。之后的一些学者提出了通过变更来反映柔性的观点。比如：Soffer 认为柔性是通过变更来应对不确定性的能力；与之相关的因素包括一个系统可提供的配置更改幅度，迁移至新配置的成本和时间，一个系统能保持正常运转且无需改变自己时所能处理的变更的水平和量级③。Regev 和 Wegmann 甚至认为，柔性可以被定义为那些不会影响其他稳定状态的且可以在指定时间内被稳定的变更，无论这些变更是在什么时候被认为是有需要的④。以上对于流程柔性的定义主要源自相关学者所观察到的现象，然而他们把柔性直接定义为变更本身使得这些定义的主体对象具有模糊性。Schonenberg 等学者在总结前

---

① Van Der Aalst W M P. Business Process Management: A Comprehensive Survey [J]. ISRN Software Engineering, 2013: 507984.

② Heinl P, Horn S, Jablonski S, et al. A Comprehensive Approach to Flexibility in Workflow Management Systems [C]. The International Joint Conference on Work Activities Coordination and Collaboration, 1999: 79-88.

③ [21] Soffer P. On the Notion of Flexibility in Business Processes [C]. CAiSE'05 Workshop, 2005: 35-42.

④ Regev G, Wegmann A. A Regulation-Based View on Business Process and Supporting System Flexibility [C]. Workshop on Business Process Modeling, Design and Support (BPMDS 2005), CAiSE 2005 Workshops, 2005: 35-42.

人的基础上提出了更进一步的定义。他们认为流程柔性是处理可预见或不可预见的变更的能力，在处理的过程中只改变或调整业务流程中受这些变更所影响的业务活动，同时保持不受影响的业务活动的本质形态①。该定义将流程柔性视为处理业务流程变更的能力，这一点与传统的观点相符；与此同时，该定义进一步提出了流程柔性的本质是在变更的过程中对业务活动进行协调的观点。其协调的主旨在于进行必要变更的同时限制变更对其他部分的影响。在本章的讨论中，我们更倾向于将业务流程柔性看做是一种应对业务流程变化的能力。

流程柔性可以包括容量柔性和功能柔性。所谓容量柔性，是指在预设好的业务流程中增加或减少流程产能的能力②，而功能柔性则是在预设好的业务流程中变更产品品种的能力③。比如说一个保险公司处理客户理赔申请的业务流程需要同时具备以上两种柔性。其中容量柔性意味着在突发事件发生时，该理赔流程能够及时处理短时间内激增的客户请求。而功能柔性则是当公司开发了新的险种之后，该理赔流程能够很快地适应针对新险种合同的理赔请求。对于知识密集型企业而言，实现功能柔性往往需要在流程设计的过程中预先考虑到可能出现的变化以及相应的流程变更，这一点与Heinl等学者所提出的“由业务流程类型所提供的柔性”如出一辙。而实现容量柔性更多的是涉及业务流程资源的再分配问题，也就是如何使流程中各个任务单元的处理能力灵活地增减。如果我们把业务流程系统理解成一个由处理业务流程工作的各种资源，包括

---

① Schonenberg H, Mans R, Russell N, et al. Process Flexibility: A Survey of Contemporary Approaches [M] //Dietz J L G, Albani A, Barjis J. Advances in Enterprise Engineering I. Heidelberg: Springer, 2008: 16-30.

② Anupindi R, Chopra S, Deshmukh S D, et al. Managing Business Process Flows: Principles of Operations Management [M]. 3rd ed. New York: Prentice Hall, 2011.

③ Gong Y, Janssen M. From Policy Implementation to Business Process Management: Principles for Creating Flexibility and Agility [J]. Government Information Quarterly, 2012, 29 (1): 61-71.

人力资源和计算资源等的集合的话，那么容量柔性也可以理解成Heinl等学者所提出的“由业务流程系统所提供的柔性”。这里需要说明的是，增加或者减少某个业务流程任务单元的处理能力时，比如说简单地往某个部门调配更多的业务人员，虽然流程的总体步骤可能保持不变（这时流程图的形状并没有发生变化），但是资源分配的安排已经进行了修改。更多的时候，为了使某个业务流程任务单元的处理能力能够满足要求，企业不得不在更大程度上更改业务流程，比如将其中一部分流程外包出去。对于完全由计算机执行的自动化流程，增加或减少某个业务流程任务单元的处理能力，则只需要调整相对应的计算能力即可。而在许多知识密集型服务业企业中，业务流程相当复杂，通常需要很多技能，也即知识劳动者的参与。这时候一个企业的智力资产以及其对智力资产的吸收能力，即如何能够找到拥有所需知识技能的人参与到流程的执行中来，就显得非常重要。

1.5 业务流程与企业架构

企业架构一词来自英文单词enterprise architecture（EA）的直接翻译。随着enterprise architecture在业界的广泛运用，“企业架构”这个名称在国内也逐渐被接受并推广。而实际上就企业架构的内涵本身而言，国内其实早已存在，只不过在过去人们并不是使用“企业架构”这个名称，并且在工作的执行中也没有像现在的企业架构方法和标准这般规范。在过去，一个我们至今都还比较熟悉的名称——企业信息化，其往往承担着我们今天所指的企业架构的工作中所要面对的任务和内容。

相对于“企业信息化”这个已经活跃了几十年的概念，“企业架构”更能反映当前的企业IT环境。企业信息化这个概念重点在于将企业生产和管理的各项流程电子化，替代原有的基于纸质的信息记录和通信方式，转而使用更高效率的计算机管理方式。然而现如今的企业当中，计算机的应用早已普及，从纸面转向电子化的过程已基本完成，电子化已不再是企业管理和运营当中的挑战。这时候新的问题是如何高效地管理企业内外部多种多样的信息系统。这些信息系统最初是为了满足个别部门当时的需要而各自开发建设而成的，最后可能会因为缺乏互操作性而成为一个个信息孤岛。企业或许还存在相同功能的重复建设，导致 IT 运营成本居高不下的问题。企业在不断自我发展和满足市场需要的同时，调整各项生产及管理的任务和流程，随之而来的是要求支撑这些流程的信息系统能够实现和满足这些变更的需求。在这个过程当中，对企业 IT 环境的全盘把握和管理，以及合理运用和调整相关的 IT 技术和系统以实现企业的管理和经营战略，是当前多数企业面临的挑战。面对激烈的商业竞争和瞬息万变的市场情况，柔性是诸多企业所急需的一种能力①。在这样的时代背景下，我们必须了解企业架构的概念及其与业务流程管理的关系。

企业架构是一个自顶向下的 IT 策略规划工具，同时它体现了 IT 策略与组织业务策略的结合（business-IT alignment）与支持，如图 1-8 所示。一方面，架构可以承接从 IT 策略到具体各个项目实施之间的战略设计与规划，落实 IT 战略的方向和步伐。另一方面，IT 战略需要与组织的业务战略相配合。与此同时，IT 的架构需要与组织的架构和业务流程相结合并对后者提供支撑。因此，一个良好的企业架构可以帮助组织实现策略上的调整和变化，从而实现管理和经营上的柔性，以应对不断变化的外部环境②。

从业务流程管理的角度上看，企业架构是实现柔性的手段。简

① Van Der Aalst W M P. Business Process Management：A Comprehensive Survey［J］. ISRN Software Engineering，2013：507984.

② Lankhorst M. Enterprise Architecture at Work：Modelling，Communication and Analysis［M］. 3nd ed. Heidelberg：Springer，2013.

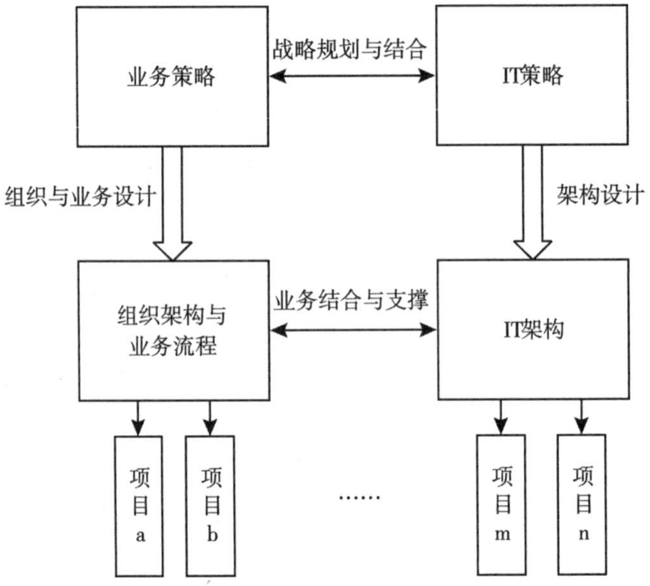

图 1-8 架构的战略作用①

单地说，柔性是对不断变化的情况做出有效反应的能力②。引起变化的原因多种多样，有来自外部的市场需求、政策法规的变更和技术的变革等，也有来自内部的部门调整、资源优化、产品的创新和技术的升级等。这些变化伴随着的是组织战略的调整，所提供的产品和服务的改进，以及业务流程的变更。这就要求落实这些组织战略和支撑这些业务流程的信息系统也要随之做出快速的应对。使用企业架构能够使该组织充分了解自身的 IT 资产和资源，迅速调整信息化的工作，准确地应对正在发生的变化，控制所要面对的风险

① Henderson J C, Venkatraman N. Strategic Alignment: Leveraging Information Technology for Transforming Organizations [J]. IBM Systems Journal, 1993, 32 (1): 472-484.

② Gerwin D. An Agenda for Research on the Flexibility of Manufacturing Processes [J]. International Journal of Operations & Production Management, 1987, 7 (1): 38-49.

和未知因素，并将工作有条不紊地推进下去。

因为企业架构涉及企业信息化管理和运作的方方面面，因此其涉及的架构类型也不止一两种。图 1-9 主要给出了业务架构、应用架构和技术架构之间的关系。其中，业务架构中强调了业务流程所需要的组织功能，而相应的组织功能由特定的应用组件来提供。这就使组织结构的设计需要为业务流程所服务，并能够实现从流程的步骤到应用软件之间的对应。在应用架构中，数据实体被单独当成一项重要的内容而凸显出来。

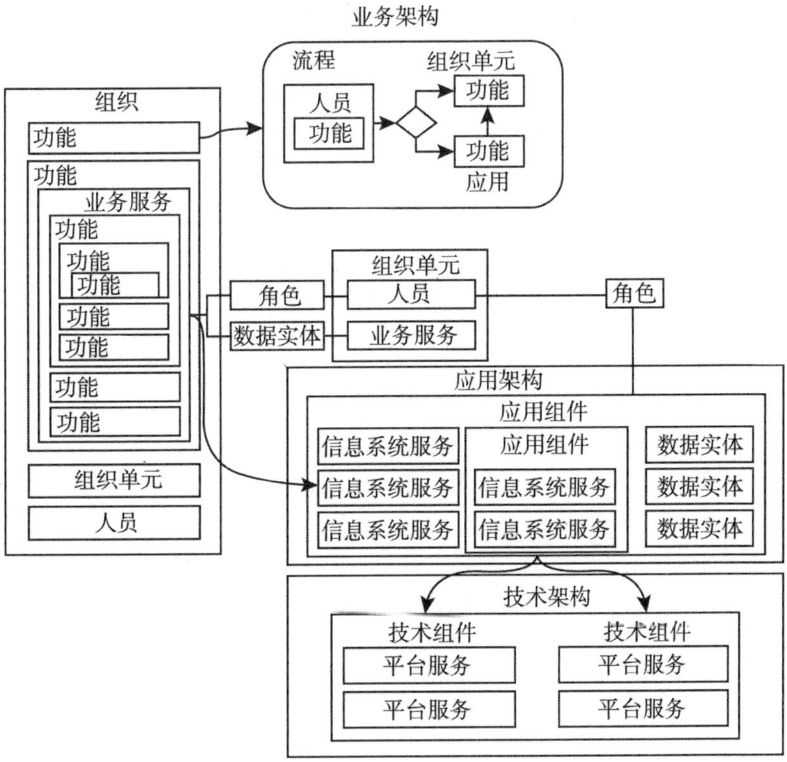

图 1-9 TOAGF 框架中的关键内容及其联系①

① TOGAF. The Open Group Architecture Framework (Version 9.1) [S]. The Open Group, 2011.

业务架构（business architecture）主要定义业务策略、组织结构和关键的业务流程。从组织层面上讲，一个企业的业务流程是理解其业务运作的关键所在：企业能否高效地完成自己的业务目标，在于各种企业资源是否能够良好地协调运作，而业务流程管理是促进该协同运作的关键因素。在有些情况下，业务流程架构（business process architecture）会从业务架构中分离出来，也就是说业务架构只描述业务策略和组织结构，而业务流程则在业务流程架构中单独描述，如图 1-10 所示。业务流程架构当中包含了一个组织的关键业务活动（例如生产、销售、物流等）和对应的权利与责任的分配，也就是谁来完成何种关键的业务活动。

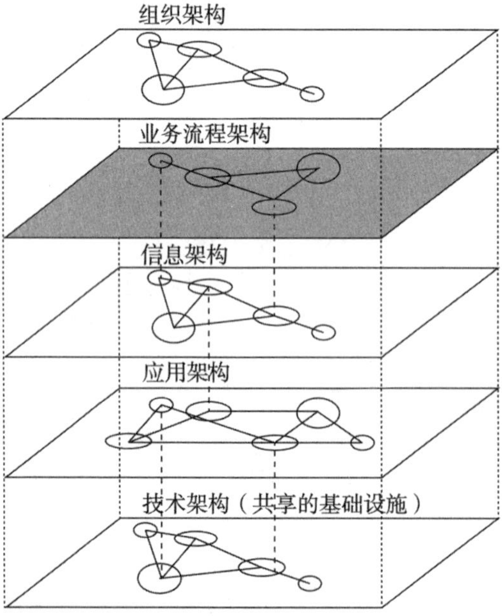

图 1-10　业务流程架构与其他架构之间的关系①

① Janssen M. Framing Enterprise Architecture: A Meta-Framework for Analyzing Architectural Efforts in Organizations [M] // Doucet G, Gøtze J, Saha P, et al. Coherency Management: Architecting the Enterprise for Alignment, Agility, and Assurance, Bloomington. Indiana: AuthorHouse, 2009.

如果这些关键的业务活动在一个单独的业务流程架构中进行描述的话，那么业务流程之间的关系也许能得到更细致的描述。业务流程架构体现了业务流程管理在企业运作和规划中承上启下的重要作用，同时它也代表了将业务流程作为核心管理对象的视角和视图①②。

1.6 业务流程的系统观

一个系统可以理解为它的各个组件的集合并以此实现一种或多种特殊的功能③。系统是一个人为划定的概念，因此按照不同的划定，系统无所不在：大至宇宙中的天体系统，小至一个原子的内部结构。一个大的系统内部往往根据不同的功能继续划分为若干个子系统，比如一辆汽车可以同时有机械系统和电子系统；又比如从医学的角度，人体内部包含了呼吸系统、消化系统等。

在信息技术领域谈及“系统”这个概念，自然会让人联想到“信息系统”。计算机以及信息科学的高度发展使得信息系统普遍存在于人们的日常生活和工作中。信息系统结合了计算机软件、硬件，其所负担的各项流程与任务，以及围绕这些软硬件的使用者、开发和维护人员。其复杂程度、普遍性和特殊性足以使之成为众多系统类型中独树一帜的系统范例。在信息系统当中，人们也常常习惯于通过不同的功能划分系统或者子系统。比如，财务系统、人力资源系统、客户关系管理系统等。

由于系统是人为划分的结果，人们为了观察某个对象而将其划分成一个系统，又为了观察和研究该系统的某个组件进而将其

① 视角和视图是企业架构中的概念。简单地说，视角是观察者所选取的位置和角度，而视图是观察者从该位置和角度所看到的内容。

② 龚艺巍．企业架构设计思想［M］．北京：科学出版社，2017.

③ ISO/IEC. ISO/IEC Standard for Systems and Software Engineering - Recommended Practice for Architectural Description of Software-Intensive Systems［S］. New York：ISO/IEC，2007.

划分成一个子系统，因此系统与组件之间的关系往往是系统与其子系统之间的关系。而根据观察者所处的位置和分析问题的着眼点，系统的子系统又可以进一步向下划分出它的组件。然而，在很多情况下，如果我们对这样的划分不加以控制和确定的话，下一步的系统分析与设计等工作都无法开始。因此在确定系统与其组件之间的关系时，确定系统的边界是至关重要的一步。一个明确的系统边界，如图 1-11 所示，可以明确观察者所在的位置，并划定系统本身及其外部环境，从而可以界定系统的输入和输出（包括信息、能量、物质、资金等）。更重要的是，可以明确系统内部所包含的组件。只有清晰地界定了系统边界，我们才能够清楚地回答，什么是我们要研究的系统，什么是这个系统内部的组件，或者当组件本身足够复杂并被当作一个子系统来对待的时候，子系统的系统边界才能在其父系统清晰边界的基础上进一步划定。系统边界明确了观察者所处的位置，并明确系统与组件之间的关系；而观察者的角度往往决定了在一个给定的系统边界的内部，组件与组件之间的关系是如何构建的。但是当观察者的观察角度发生了变化的时候，系统的划分也会有所不同。

业务流程是企业的核心资产之一，它直接影响着企业向市场投放的产品和服务的吸引力，并且决定了这个过程当中的各项任务、所需资源和职责，并由此塑造每位员工的具体工作。业务流程支撑着一个组织的各种关键业务活动（如生产、销售、物流等）。可以说业务流程中的每项工作任务都是对价值链上某个流程的一种分解，如图 1-12 所示。例如，我们将生产看成一项关键的业务活动，那么相应的关键业务流程可能包括订单处理和产品制造。从业务流程管理的角度来看，这些流程都是高度抽象的，因为实际中的生产业务流程可能会非常复杂。如果我们试图寻找在关键业务活动和关键业务流程之间是否存在某个本质区别的界限的话，这其实是一个定义系统边界的行为。对业务流程的观察和分析也存在一个抽象程度的考虑，并且业务流程也可以根据不同的需要和层次进行“放

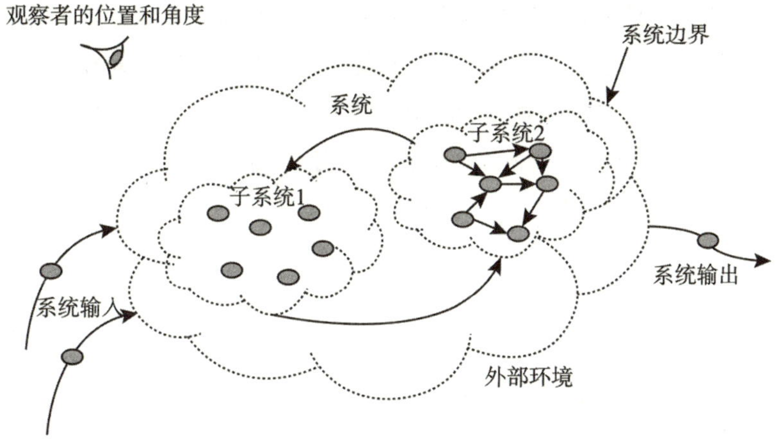

图 1-11 系统边界与子系统划分

大”或“缩小”。随着观察者的角度和位置的改变，对业务流程的观察和分析的粒度也随之变化。

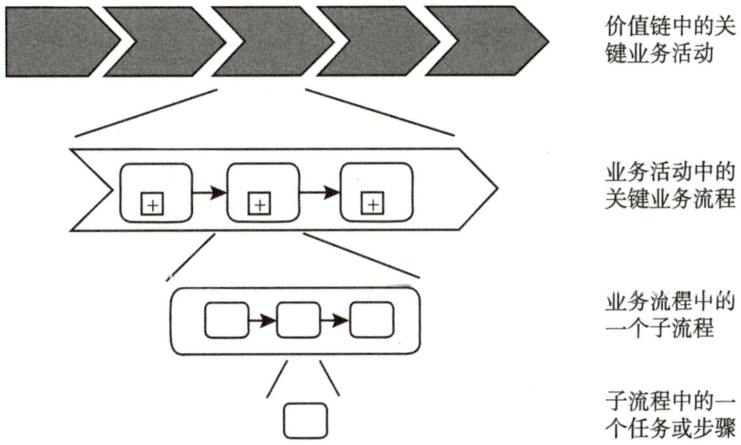

图 1-12 业务流程的层次关系

在业务流程的观察和分析当中，运用系统观是一件非常有必要的事情，结合本章的内容来看，它起到了如下三个作用：①系统观可以使我们把早期出现的以输入输出为重点的业务流程概念和当前强调流程处理内容事物的概念统一起来；②清晰的系统观还能让我们在分析和讨论业务流程现象时选择合适的粒度，避免对现象的观察和分析过于简单或者过于复杂；③系统观还可以帮助我们理解业务流程（架构）和其他企业要素（架构）之间的关系。

2 业务流程柔性的观测

使业务流程灵活地适应由组织的内外因素所引起的不断变化，是当前业务流程管理研究中的普遍挑战之一。其中的一大难点在于业务流程柔性的多维度特征使其难以被准确地观察和测量，这使得业务流程中的哪一部分可以借助何种方法或技术来进行变更存在着不确定性①。目前对于业务流程柔性的研究主要是针对特定建模技术（比如 XPDL 和 BPEL 等）对解决特定柔性问题（比如协作流程的柔性②）的贡献③。

在少数对流程柔性多维度特征的研究中，Schonenberg 等学者通过业务流程柔性的来源分析，将柔性分为：①源自设计的柔性——在设计阶段预计多种可能性，②源自偏差的柔性——允许流

---

① Gong Y, Janssen M. From Policy Implementation to Business Process Management: Principles for Creating Flexibility and Agility [J]. Government Information Quarterly, 2012, 29 (1): 61-71.

② Patiniotakis I, Papageorgiou N, Apostolou D, et al. Collaborative Process Flexibility Using Multi-Criteria Decision Making [M] //Camarinha-Matos L M, Scherer R J. Collaborative Systems for Reindustrialization. Heidelberg: Springer, 2013: 691-698.

③ Schonenberg H, Mans R, Russell N, et al. Process Flexibility: A Survey of Contemporary Approaches [M] //Dietz J L G, Albani A, Barjis J. Advances in Enterprise Engineering I. Heidelberg: Springer, 2008: 16-30.

程的执行在一定程度上偏离原来的设计，③源自不指定（underspecification）的柔性——允许执行未完全定义的流程并在执行时补充所缺乏的信息，以及④源自变更的柔性——允许流程在执行时进行变更①。在他们的定义和分类体系中，流程柔性被视作一种能力，因此该分类更确切地说是实现业务流程柔性的方法论的分类。由于研究缺少定量依据，该研究停留在定性分析阶段。

Schonenberg 等学者对于流程柔性的特征分类方法是否合理有待磋商。比如，根据 Mechrez 和 Reinhartz-Berger 的研究结果，在业务流程的建模阶段引入多样性的流程设计虽然可以满足特定的业务流程需求，但会令流程的柔性降低②。可以想象，当同一个流程存在多个不同的变体时，对该流程的变更就意味着要同时变更该流程的多个变体，因此在设计业务流程时引入多样性会对今后的变更带来不便。根据上文对流程柔性定义的讨论，这种基于变更的考虑符合对流程柔性定义的普遍理解，而 Schonenberg 等学者的分类中的第一类柔性（能力）却得出了与之相反的结论。由此可见，对于业务流程的柔性的分析，我们仍需要一种更合理的方法。

2.1 流程柔性的内涵

我们在第一章中对业务流程柔性的定义进行了介绍，其中罗列了多个不同的定义和观点。这些针对业务流程柔性的定义或者定性的观点是帮助我们理解业务流程柔性这一概念的根据。总的来说，本书的观点倾向于将业务流程柔性看做组织的一种能力，这种能力可以帮助该组织实现业务流程的各种变更。然而，为了深入地研究

---

① Schonenberg H, Mans R, Russell N, et al. Process Flexibility: A Survey of Contemporary Approaches [M] //Dietz J L G, Albani A, Barjis J. Advances in Enterprise Engineering I. Heidelberg: Springer, 2008: 16-30.

② Mechrez I, Reinhartz-Berger I. Modeling Design-Time Variability in Business Processes: Existing Support and Deficiencies [M] //Bider I, Gaaloul K, Krogstie J, et al. Enterprise, Business-Process and Information Systems Modeling. Heidelberg: Springer, 2014: 378-392.

并实现更高的业务流程柔性，仅仅笼统地将该概念归纳为一种能力是不够的。我们希望更进一步分析业务流程柔性的内涵，从而理解该种能力可以达到何种效果。诚然，这种效果往往跟组织所处的背景环境有关。因此，分析业务流程柔性的内涵可以从不同行业背景下对柔性的定义入手。

根据不同的学科和研究性质的不同，柔性可以有多种定义的方式①。在组织科学②、运作管理③，供应链管理④和生产管理⑤领域，都可看到对柔性的研究和定义。业务流程管理领域对柔性的定义往往也从这些领域借鉴而来。例如，Shi 和 Daniels 通过对制造柔性进行文献综述从而得到他们关于工作流系统的柔性的定义⑥。Soffer 则在他们工作的基础上进一步归纳了业务流程柔性的定义⑦。此外，也有部分学者根据字典中对“柔性”的定义来归纳流程柔性的定义。例如，在第 1 章所介绍的 Heinl 等学者对流程柔性的定义便是以字典的定义为依据而归纳出来的⑧。

从现在的眼光来看，这两种定义方式都有一定的局限性。由

---

① Alter M J. Science of flexibility [M]. Human Kinetics, 2004.

② Van Den Bosch F A J, Volberda H W, Boer M D. Coevolution of Firm Absorptive Capacity and Knowledge Environment: Organizational Forms and Combinative Capabilities [J]. Organization Science, 1999, 10 (5): 551-568.

③ Bernardes E S, Hanna M D. A Theoretical Review of Flexibility, Agility and Responsiveness in the Operations Management Literature [J]. International Journal of Operations & Production Management, 2009, 29 (1): 30-53.

④ Stevenson M, Spring M. Flexibility from a Supply Chain Perspective: Definition and Review [J]. International Journal of Operations & Production Management, 2007, 27 (7): 685-713.

⑤ Das A. Towards Theory Building in Manufacturing Flexibility [J]. International Journal of Production Research, 2001, 39 (18): 4153-4177.

⑥ Shi D, Daniels R L. A Survey of Manufacturing Flexibility: Implications for E-Business Flexibility [J]. IBM Systems Journal, 2003, 42 (3): 414-427.

⑦ Soffer P. On the Notion of Flexibility in Business Processes [C]. CAiSE'05 Workshop, 2005: 35-42.

⑧ Heinl P, Horn S, Jablonski S, et al. A Comprehensive Approach to Flexibility in Workflow Management Systems [C]. The International Joint Conference on Work Activities Coordination and Collaboration, 1999: 79-88.

于字典中的词汇定义具有普遍性，缺乏行业特征，因此当对该定义进行二次解读的时候，研究者往往加入许多本领域的特征从而产生了各不相同的版本。例如，Regev 和 Wegmann① 对柔性的定义也是从字典的定义中归纳出来的，但是其定义就跟 Heinl 等人② 归纳的定义大不相同（具体定义见下文）。而借鉴其他领域的柔性的定义来归纳流程柔性的做法，则可能会忽视不同领域之间的区别。例如，制造业的环境中通常不会发生服务业（含公共服务）环境中所出现的，由于法律法规的变更所造成的流程变更的情况。因此我们可以将两种途径下得到的业务流程柔性的定义综合起来，互为补充，分析和考虑在业务流程管理领域中流程柔性的内涵。

以下是在业务流程管理的文献中提到的业务流程柔性的定义：

- “由业务流程类型所提供的柔性通过为业务流程的使用者提供多个可选择的流程执行路径而带来一定程度上的自由度……（由业务流程系统所提供的柔性）则归结为对业务流程的修改以包括一些到目前为止尚未预见的流程执行路径”③。
- “流程柔性可以被看做处理可预见或不可预见的变更的能力，在处理的过程中只改变或调整业务流程中受这些变更所影响的业务活动，同时保持不受影响的业务活动的本质形态”④。

---

① Regev G, Wegmann A. A Regulation-Based View on Business Process and Supporting System Flexibility [C]. Workshop on Business Process Modeling, Design and Support (BPMDS 2005), CAiSE 2005 Workshops, 2005: 35-42.

② Heinl P, Horn S, Jablonski S, et al. A Comprehensive Approach to Flexibility in Workflow Management Systems [C]. The International Joint Conference on Work Activities Coordination and Collaboration, 1999: 79-88.

③ Heinl P, Horn S, Jablonski S, et al. A Comprehensive Approach to Flexibility in Workflow Management Systems [C]. The International Joint Conference on Work Activities Coordination and Collaboration, 1999: 79-88.

④ Schonenberg H, Mans R, Russell N, et al. Process Flexibility: A Survey of Contemporary Approaches [M] //Dietz J L G, Albani A, Barjis J. Advances in Enterprise Engineering I. Heidelberg: Springer, 2008: 16-30.

• “柔性是在保持有效性和当组织、功能且/或操作变更发生时，满足业务需求的适应性之间折中处理的能力”①。

• “柔性可以被定义为那些不会影响其他稳定状态的且可以在指定时间内被稳定的变更，无论这些变更是在什么时候被认为是有需要的”②。

• “基本上，柔性可以被描述为通过变更来应对不确定性的能力；与之相关的因素包括一个系统可提供的配置（或产品）更改的幅度，迁移至新配置或产品的成本和时间，一个系统能保持正常运转且无需改变自己时所能处理的变更的水平和量级，以及其他等”③。

以上的定义中提到了业务流程柔性的多个维度，这些维度可以归纳成以下几个方面：

• 处理变更（可预见或不可预见）；
• 保持有效性；
• 限制变更所带来的影响（即不影响其他路径）。

从以上业务流程柔性的内涵元素可以看出，在业务流程管理的生命周期中，流程柔性在设计和执行这两个阶段作用更为明显。而实际上 Schonenberg 等学者对四种流程柔性的划分也基本上可以映射到生命周期中的设计和执行两个阶段上④。此外，根据 Cognini 等

---

① Nurcan S. A Survey on the Flexibility Requirements Related to Business Processes and Modeling Artifacts [C]. 41st Hawaii International Conference on System Sciences, 2008.

② Regev G, Wegmann A. A Regulation-Based View on Business Process and Supporting System Flexibility [C]. Workshop on Business Process Modeling, Design and Support (BPMDS 2005), CAiSE 2005 Workshops, 2005: 35-42.

③ Soffer P. On the Notion of Flexibility in Business Processes [C]. CAiSE'05 Workshop, 2005: 35-42.

④ Schonenberg H, Mans R, Russell N, et al. Process Flexibility: A Survey of Contemporary Approaches [M] //Dietz J L G, Albani A, Barjis J. Advances in Enterprise Engineering I. Heidelberg: Springer, 2008: 16-30.

人的文献综述结果，业务流程柔性的研究也主要集中在这两个阶段[①]。

在本书的讨论以及后面章节涉及的研究和实验里面，我们也主要是针对设计和执行这两个阶段实现或者提升业务流程柔性进行探讨。

2.2 流程柔性的测量

业务流程柔性是一个多维度的概念。因此，我们无法用单方面的指标来全面地反映业务流程柔性的水平。然而我们在进行后续的研究和改进的过程中，都需要对流程的柔性进行反映和测量，否则无法辨别所采取的措施是否能够起到应有的效果。本节将讨论对流程柔性的测量问题及其解决方法。

多数对于业务流程柔性的研究通常采用定性评估的方法。例如，Reijers 和 Mansar 借助“魔鬼四边形”（“Devil's quadrangle”[②]）即业务流程再造的成本、时间、质量和柔性来发现该领域的最佳实践(best practice)[③]。在最理想的情况下，一个业务流程的重组将减少处理指令的时间并降低执行该业务流程的成本；同时可以改进服务的质量和提高应对变化的能力。但通常来说，改进其中一个维度往往会削弱其他维度。例如，将调节和校正作为一项任务添加到业务流程当中可以提高最终交付服务的质量，但与此同时也增加了交付服务所需的时间。为了表达这种困难却又往往不得不去进行的取舍，该模型被命名为“魔鬼四边形”，如图 2-1 所示。在 Reijers 和 Mansar 的研究当中，柔性被看做一个普遍的现象。他们认为将一个普通意义上的概念转化为一个更加具体的概念是与该事物发生的

---

① Cognini R, Corradini F, Gnesi S, et al. Business Process Flexibility - A Systematic Literature Review with a Software Systems Perspective [J]. Information Systems Frontiers, 2018, 20 (2): 343-371.

② Brand N, Van Der Kolk H. Workflow Analysis and Design [M]. Deventer: Kluwer Bedrijfswetenschappen, 1995.

③ Reijers H A, Mansar S L. Best Practices in Business Process Redesign: An Overview and Qualitative Evaluation of Successful Redesign Heuristics [J]. Omega, 2005, 33 (4): 283-306.

情景密切相关的。因此他们保持在一个抽象的层面上对柔性进行讨论，以避免过于复杂的情况出现。而这种做法的缺点则是无法对柔性的水平进行准确的反映和测量，模糊性往往容易造成多义性。因此对流程柔性的定性分析通常难以帮助组织对不同情景或者方案之间所能实现的柔性进行判断。对于那些进行实际业务流程改进工作的组织而言，对业务流程柔性水平的定量分析是不可或缺的。

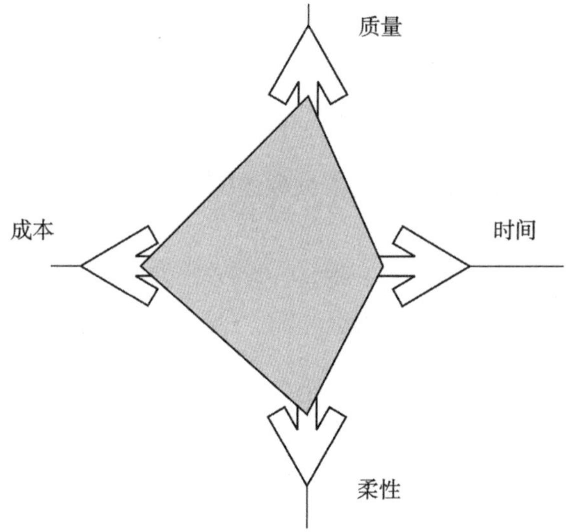

图 2-1 “魔鬼四边形”示意图①

测量通常是指根据一些特定的规则将数值量分配到某个目标或者事件上②。测量对于我们改进工作而言是非常关键的一步③。在

① Reijers H A, Mansar S L. Best Practices in Business Process Redesign: An Overview and Qualitative Evaluation of Successful Redesign Heuristics [J]. Omega, 2005, 33 (4): 283-306.

② Nelson K M, Nelson H J, Ghods M. Technology Flexibility: Conceptualization, Validation, and Measurement [C]. 30th Hawaii International Conference on System Sciences (HICSS), 1997.

③ Harrington H J. Business Process Improvement: The Breakthrough Strategy for Total Quality, Productivity, and Competitiveness [M]. New York: McGraw-Hill, 1991.

之前的讨论当中，我们已经总结了与业务流程柔性内涵相关的元素。为了进一步对流程柔性进行测量，这些元素需要以一种可以量化的方式确定下来。当然，这不是一项简单的任务。对于某个概念的不断发展是一项长期的认知过程和知识积累的过程。仅仅通过对业务流程柔性概念的解析来识别其内涵元素，并不能保证这些识别出来的元素一定是可以测量的。有些学者例如 Nelson 等人，认为柔性是一种隐性的构成，并且是无法直接观察和测量的①。为了理解隐性的变量，研究人员通常只能在实际工作中根据经验来确定具体的测量指标。虽然这些指标缺乏通用性和普适性，但是确定这些指标的方法和思路往往是相似的。在下一个小节里，我们将讨论业务流程柔性概念中的元素是如何转化成可测量的指标的。

2.3 流程柔性的指标

确定业务流程柔性指标的思路是以前文从业务流程柔性的概念中解析出来的内涵元素为基础，根据实际的情况选取能够反映这些元素的指标。本节将对处理变更、保持有效性和限制变更所带来的影响这三个内涵元素的指标化处理进行讨论。

2.3.1 处理变更

处理变更是柔性本质的体现。Wadhwa 和 Rao② 使用是否能处理可预见或不可预见的变更来识别运营管理中的柔性。在对业务流

① Nelson K M, Nelson H J, Ghods M. Technology Flexibility: Conceptualization, Validation, and Measurement [C]. 30th Hawaii International Conference on System Sciences (HICSS), 1997.

② Wadhwa S, Rao K S. Flexibility and Agility for Enterprise Synchronization: Knowledge and Innovation Management towards Flexagility [J]. Studies in Information and Control, 2003, 12 (2): 111-128.

程柔性的分类进行讨论时，Regev 等①将所有业务流程中可能发生的变更类型都包含在内。换句话说，他们使用变更的类型来对业务流程柔性进行分类。在他们的分类方法当中，我们主要借鉴的是对变更对象的分类，因为变更的对象通常能够很好地表达出业务流程所经受的影响具体是什么。在他们的分类当中，对象的变更包含 5 个基本的视角：功能视角描述的是流程的目标，运营视角描述流程当中所执行的活动，行为视角定义什么时候以及满足何种前提条件时活动会被执行，信息视角描述不同活动之间需要共享的信息，组织视角描述谁以何种角色参与到流程中。以此为根据，我们可以归纳出变更所发生的对象为业务流程的目标、活动（步骤及步骤之间的次序关系）、输入和输出以及中间步骤所需要的信息，还有人类干预者的角色（如果该流程不是全自动化的流程）。然而，虽然处理变更是流程柔性概念的核心内涵，而且我们也将其进行了进一步细化，但遗憾的是，这些细化后的变更类型仍然是不可直接测量的，我们难以就变化本身进行量化处理。

相比之下，处理这些变化所消耗的时间，或者说处理这些变化的速度是较为容易测量的，这是“魔鬼四边形”中的时间维度。Nelson 等②认为在流程变更时转换技术的速度可以提供柔性。而该速度往往受变更中涉及的人员和管理过程的影响，因此我们也可以说，处理变更的速度是能力的一种体现。

2.3.2 保持有效性

柔性是处理环境中产生的变化的能力，而变更会在短时间内对

---

① Regev G, Soffer P, Schmidt R. Taxonomy of Flexibility in Business Processes [C]. The 7th Workshop on Business Process Modelling, Development and Support (BPMDS'06), CAiSE Workshop, 2006: 90-93.

② Nelson K M, Nelson H J, Ghods M. Technology Flexibility: Conceptualization, Validation, and Measurement [C]. 30th Hawaii International Conference on System Sciences (HICSS), 1997.

流程的性能产生影响①。由于保持有效性是流程柔性的内涵之一，所以性能是衡量柔性水平的又一重要方面。提高业务流程柔性的有效手段不应当是以损害流程的运营性能和效率作为代价的。虽然我们不能就此得出结论，认为提升流程的运营性能就能直接提高流程的柔性水平，但是在流程柔性水平的测量当中，流程的运营性能可以用来作为流程柔性的代理属性（surrogate）。该属性反映的是流程的有效性是否得到保持或者改进，从而进一步反映流程柔性的水平是否有所变化。同样的道理，笼统地谈论性能是很难直接量化的，我们需要进一步寻求更加具体的指标。

建立一个流程或者运营一个流程的成本是反映流程柔性的重要因素②。Gebauer 和 Schober③ 认为一个特定业务流程的性价比反映了其信息系统柔性的作用。当我们讨论业务流程的成本时，根据所关注的焦点不同，可以有几种不同的类型。成本可以分为运营成本或者维护成本，后者与建立或者再造一个新流程有关。由于人员能力通常包含在运营和建立流程的工作当中，因此人力资源成本通常能反映流程的成本，尤其是在知识密集型流程当中④。

保持有效性的另外一个含义是保证质量。质量的概念非常广泛，并且涉及组织的各个方面。例如，本书在后面章节的例子和讨论的背景主要基于服务业，在这种环境下，流程的质量通常是指服

① Wadhwa S, Rao K S. Flexibility and Agility for Enterprise Synchronization: Knowledge and Innovation Management towards Flexagility [J]. Studies in Information and Control, 2003, 12 (2): 111-128.

② Moitra D, Ganesh J. Web Services and Flexible Business Processes: Towards the Adaptive Enterprise [J]. Information & Management, 2005, 42 (7): 921-933.

③ Gebauer J, Schober F. Information System Flexibility and the Cost Efficiency of Business Process [J]. Journal of the Association for Information Systems, 2006, 7 (3): 122-147.

④ 关于知识密集型流程和知识密集型服务业，请参考本书第 4 章的内容。

务的质量水平，而服务的质量水平通常与客户的满意度高度相关①。再如，所讨论的流程涉及政府部门的行政服务，那么流程的质量同时也意味着流程应当遵循相关的规章制度和法律法规。在这种情况下，流程的质量就不仅仅是最终客户的满意度，还必须把业务流程的合规性包含在内。

这里需要指出的是，时间、性能、成本和质量的概念通常是与柔性交织在一起的。例如，有些学者把性能和质量等同起来②③，而有些学者把时间、成本、质量和柔性都看做性能的不同维度④。为了避免产生混乱和造成误解，在具体操作和实验的过程中，我们需要清楚地指定具体测量什么要素，以及如何具体地测量时间、成本和质量才能反映柔性的水平。

2.3.3 限制变更所带来的影响

如同处理变更一样，限制变更所带来的影响也是无法直接测量的。限制变更所带来的影响通常涉及对系统复杂度的控制。Simon是该观点的奠基人，他认为一个复杂系统由相互区分又互相作用的不同部分组成⑤。系统的这一特性可以被称为模块性。模块性是一个普遍的系统概念，用于描述“一个系统的不同组件之间可以相

---

① Kumar V, Smart P A, Maddern H, et al. Alternative Perspectives on Service Quality and Customer Satisfaction: The Role of BPM [J]. International Journal of Service Industry Management, 2008, 19 (2): 176-187.

② Glinz M. On Non-Functional Requirements [C]. 15th IEEE International Requirements Engineering Conference, Delhi, 2007: 21-26.

③ Gross D, Yu E. From Non-Functional Requirements to Design through Patterns [J]. Requirements Engineering, 2001, 6 (1): 18-36.

④ Jansen-Vullers M H, Kleingeld P A M, Loosschilder M W N C, et al. Trade-Offs in the Performance of Workflows-Quantifying the Impact of Best Practices [M] //Business Process Management Workshops. Heidelberg: Springer, 2008.

⑤ Simon H A. The Sciences of the Artificial [M]. 3rd ed. Cambridge, Massachusetts: MIT Press, 1996.

互分离或者组合的程度”①。当业务流程变更发生时，模块通过提供可管理的程序单元和易于建立或者销毁某个模块的能力从而提升柔性。模块还能通过减少对子单元之间进行协调的需求从而提高处理变更的速度。然而，当某个流程当前的模块性程度不足时，可能会出现无法处理不可预见的变更的情况。此外，根据 Terlouw 的研究，目前尚未见文献中提到有清晰测量（软件）系统模块性的指标②。关于复杂度和模块化的观点我们将在第 3 章详细讨论。

观测业务流程柔性需要对影响业务流程柔性的因素有充分的认识。定性研究指出时间、性能、成本和质量可以作为测量柔性的代理属性③④。而进一步对这些属性进行可量化的操作则往往与具体的流程工作环境相关。

以电子政务中典型的业务流程为例，影响该业务流程的环境因素通常有客户（市民）的需求，相关政策法规的规定，以及部门内部或者部门间相互合作的需要。如果我们把该业务流程看做一个黑盒的话，上文提到的 4 个代理属性可以帮助我们用来衡量业务流程柔性的水平，即时间、运营性能、成本和质量。这种测量通常可以做到与具体的实现技术无关。因此，通过比较这些代理属性的测量值，我们可以比较不同流程方案所提供的流程柔性的水平是否有所差异，如图 2-2 所示。

该模型可以帮助我们构造研究实验，从而比较不同流程方案的柔性水平。在比较的过程中，需要屏蔽外部因素的影响，即在同一

① Schilling M A. Toward a General Modular Systems Theory and Its Application to Interfirm Product Modularity [J]. Academy of Management Review, 2000, 25 (2): 312-334.

② Terlouw L. Modularization and Specification of Service-Oriented Systems [D]. Delft: Delft University of Technology, 2011.

③ Reijers H A, Mansar S L. Best Practices in Business Process Redesign: An Overview and Qualitative Evaluation of Successful Redesign Heuristics [J]. Omega, 2005, 33 (4): 283-306.

④ Vanderfeesten I, Reijers H A, Van Der Aalst W M P. Evaluating Workflow Process Designs Using Cohesion and Coupling Metrics [J]. Computers in Industry, 2008, 59 (5): 420-437.

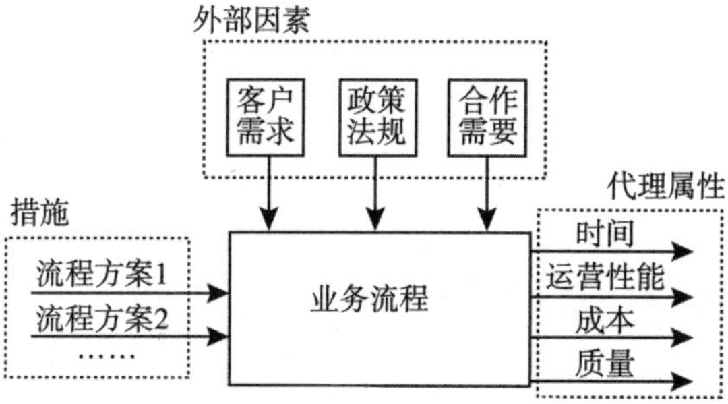

图 2-2　测量业务流程柔性的概念化模型

外部环境中进行比较。在实际操作中，为了结果清晰可见，通常只会针对其中一个代理属性进行比较。由于研究的思路是相通的，同样的方法可以使用在更加复杂的情况下或者更多方案的情况下。

3 业务流程的复杂度

不断增加的复杂度是当今系统工程学中所面对的核心困难问题①。日益复杂的系统是人类社会不断进步并高度发展的体现。现代制造业中，一个看似简单的零件可能需要经过上百道加工工序才能完成，一个价值几十元的电路板上集成了上千个电子元器件，并且这种高度的复杂无法避免。人工系统的复杂程度反映了我们对自然科学和社会科学理解的深刻程度。现代科技是复杂的，复杂带来了丰富多样的变化，以满足各种各样的需求。如果复杂是符合需求的，那么良好的设计所要做的事情不是去让事物变得简单，而是去管理复杂②。因此对复杂度的控制是贯穿本章的核心思想，也是本书对业务流程柔性进行观察和分析的视角之一。

3.1 复杂度的控制

对复杂度的控制是设计工作的本质。不管设计的对象是一件简单的家具还是一艘复杂的航空母舰，设计的过程处处体现了对复杂

---

① Sommerville I. Software Engineering [M]. 9th ed. Boston, MA: Addison-Wesley, 2011.

② Norman D A. Living with Complexity [M]. Cambridge, Massachusetts: MIT Press, 2010.

度的控制。设计的目的是为了实现特定功能的系统，而设计的结果为开发这样的一个系统提供了一份蓝图。有了这份蓝图，系统的建造者便可以理解设计师的意图，并按照设计的要求完成建造的工作。在完成这份蓝图的过程中，设计师需要运用自己的知识和经验、合适的行业标准或规范，以及各种设计工具和方法，将设计的意图准确地表达给设计蓝图的使用者。这个过程，同时也是将设计师大脑中的设计概念符号化和可视化的过程。

为了清晰正确地描述设计的内容，设计师会有意或无意地对复杂度进行控制。举个简单的例子，假如一名家具设计师需要一名木匠按照他的要求制作一张椅子，设计师可以有两种做法。一种是口头向木匠交待他心目中的椅子是什么样的，有哪些特点和要求。在这种情况下，木匠需要认真倾听设计师的描述，也许需要记录下来。但这种做法很难保证木匠真正理解设计师的意图，也许木匠心目中的椅子与设计师心目中的椅子并不是一个样子的，等到椅子制作完成并交付给设计师的时候，也许会有一番争论。另一种做法是设计师描绘设计图纸，并在图纸中对各个部位的尺寸、角度等进行明确的描述，木匠根据图纸的要求和规定进行椅子的制作，木匠不再需要费力去理解设计师的意图，也不需要太过于担心双方对椅子的设计的理解有太大的区别，交付的时候双方可以根据图纸的内容来验收，避免推诿不清。第二种办法通常要比第一种情况更为妥当，设计和制作双方的沟通也更好。

这样的一个例子，是否会让有过软件开发经验，特别是需求分析经验的读者，想起与客户进行沟通和确定需求的情景呢？虽然家具制作与软件开发是完全不同的两个领域，但是在需求分析这项工作上，即便形式各异，本质上却没有太大的不同。明确设计需求本身既是设计工作的重要内容，也是对复杂度进行控制的结果。一个明确的设计意味着制作者需要以及不需要考虑的内容都已经确定。设计的过程是对问题空间（problem space）进行搜索的过程。解决问题的每一次努力都开始于创建该问题的一个问题空间，以便在其中寻得解决的方案。设计的结果代表着搜索到其中一个可以接受的结果。这个搜索的过程是设计者自觉将设计的自由度逐渐缩小的过程。回到上述的例子，当设计蓝图交给木匠的时候，自由度已经被限定了，但并非为零。也就是说，设计蓝图只告诉木匠制作好的椅子是什么样子的，而并未告诉（或者并不需要告诉）木匠其他的内容，比如制作的过程，即先制作什么部件、后制作什么部件等信息。制作的过程也许并不属于家具设计师的专长，而对于木匠来说，某一款椅子的制作过程是他对这项工作过程的设计结果（在制造业中，人们将其称为工艺设计）。这就如同我们之前讨论的业务流程设计一样，椅子的制作过程也是一个流程，自然也是人为设计的结果。而提供这张蓝图的好处在于，木匠可以专心去设计制作的流程，而不需要去考虑椅子的成品是什么样子这些内容了。

我们继续把这个例子扩展一下。如果设计师只给出一张椅子的完整示意图，即便标上了一些重要部位的尺寸和角度等信息，仍有一些看不见的部分是没有进行定义的。比如，椅子的不同部分之间的接口在外观上是看不见的。在这种情况下，木匠还需要考虑接合的方式是什么，是榫接、胶接还是钉接等。当接合方式确定之后，还要考虑接口如何制作，比如开口开多大，或者钉子用什么尺寸的等问题。木匠需要在开工之前先将这些问题想好，因为这涉及具体一个部件应做成什么样子——两个接合的部件必须适配才能够使用。可以说，在这样的情况下，木匠其实负担了一部分设计工作，当然，此时设计的问题空间要小很多。如果设计师的蓝图可以更详细一些，不但给出椅子的整体效果图，同时还给出各个部分的单独的制作图，进一步规定一些问题，包括接口如何实现、在哪里开口、开口尺寸等均做好说明，那么木匠的工作将更加简单。这个时候，木匠不再需要考虑接口的问题，对于他来说，拿到设计蓝图就可以直接开工了，而不需要自己再额外考虑一些设计的细节问题。木匠直接按照蓝图上的要求将每个部件单独制作完成之后，如果设计没有问题，那么应该可以装配成一张能正常使用的椅子。换个角度来看，设计师通过对椅子结构的分解和对每个组成部件的说明，对制作该椅子的复杂度进行了分解和控制。

在上面提到的设计师提供椅子部件之间的接合设计的例子当中，该家具设计师需要拥有木制品接合方式的知识和经验，才可以制作出包含接合设计的蓝图。如果该设计师还具有更进一步的知识和经验，通晓油漆的使用以及木料上漆的加工过程，他还能进一步地将设计细化，比如对油漆的选择（类型和色号等）、刷漆的厚度和表面处理等方面做出进一步的要求和规定。如果上一段的例子是设计师通过提供各个部件的单独的设计图，在椅子的结构上对复杂度进行分解和控制的话，那么这里讲述的对油漆使用的说明则是对椅子制作过程的复杂度进行控制的例子。

这里需要指出的是，控制复杂度和限制设计的自由是相对而言的两个概念，这意味着对复杂度的控制会导致设计的自由度减少，反之亦然。当设计师的设计内容描述得越详细和确切，木匠可以发挥的空间就越少，木匠根据该设计所制作的多份产品之间的相似度就越高。

此外，对复杂度的控制并不完全是设计者为了方便设计的使用者而采取的行动。从另外一个角度来看，设计者为了完成自己的设计工作也需要自觉地对复杂度进行控制。这里有两点理由。首先，家具设计师并不见得一定是木工或者油漆专家，因此在一些问题上，比如对木料的选择或者木材加工前的预处理，以及上漆的过程和手法等他也许并不了解；即便也许知道一些相应的知识，也未必有木匠了解得深入。家具设计师应当关注设计产品的整体美观度和功能性，而不是制作的工艺过程。如果过分地干涉工艺设计，也许并不能达到最好的工艺效果。当然，如果这会影响到最终产品的质量或者美观等因素，设计师可以对选材和工艺等做一些规范和要求，但通常仅在必要和关键的步骤上，而不是全部的工艺过程。其次，一份描述椅子整体以及各个部件的蓝图也许就几页图纸，但是如果将所有加工过程的要求、规范和步骤都添加进去，那么这份蓝图也许看起来会像一本家具设计和加工的教科书一样厚。那么在这种情况下，设计师是否能如期完成他的设计工作，木匠是否能完全按照要求一步不差地制作椅子，最终交付产品的时候，设计师和木匠是否能检查得出椅子的制作过程有没有按照设计的要求去完成？

我们在这个例子的讨论当中，一直对复杂度使用“控制”这个动词，而不是“减少”。复杂度是一个系统本身固有的特性。换而言之，只要给定某个系统，其本身就具有一定的复杂度，除非明显地改变该系统的功能与行为，否则我们无法真正“减少”系统的复杂度。在上述例子当中，椅子的功能需求是给定的，那么设计师必须围绕这些需求进行设计方案的构建。也许设计师可以进行一定程度的简化工作，但是大体上系统的复杂度在所要实现的功能、组成部件的数量以及它们之间关系的影响下已经基本确定。系统的复杂度主要反映的不是设计师的设计水平问题，而是系统本身的构成情况和系统体现的整体功能。这时候，设计师的工作并没有减少复杂度，而是通过一些手段将复杂度分解并控制起来。单独为每个部件提供详细的设计图就是其中一种手段，而将复杂的工艺过程交给木匠，设计师自己专注于椅子结构的设计也是其中一种手段。这些手段都体现了控制系统复杂度的思想。

以上这两种方法反映出一个现象，即一个系统拥有两种相互共存的复杂度：结构复杂度[①]和过程复杂度[②]。结构复杂度关注系统在某个状态下的各组成部分及它们之间的关系，并讨论特定的结构关系所体现出的系统特性。过程的复杂度则关注系统动态变化过程中的链式关系，即每个过程都有超过一种可能的最终结果，并讨论单一的初始事件引起的错综复杂的变化所存在的模式。西蒙将对这两种复杂度的表达和控制称为“状态描述”和“过程描述”[③]。

在本章接下来的两个小节里，我们将针对这两种复杂度和在业务流程设计中控制它们的方法分别进行讨论。

---

① Érdi P. Complexity Explained［M］. Heidelberg：Springer，2007.

② Del Re G. From Complexity Levels to the Separate Soul［M］//Agazzi E，Montecucco L. Complexity and Emergence：Proceedings of the Annual Meeting of the International Academy of the Philosophy of Science Bergamo，Italy 9-13 May 2001. Singapore：World Scientific Publishing Company，2002：181-203.

③ Simon H A. The Sciences of the Artificial［M］. 3rd ed. Cambridge，Massachusetts：MIT Press，1996.

3.2 控制结构复杂度

控制结构复杂度的思想由来已久，甚至可以追溯到古希腊时代德谟克利特（公元前460年—公元前370年）的原子论①。传统的系统论中对结构复杂度控制的主要手段是还原主义(reductionism)。还原主义者认为，一个复杂的系统仅仅是其组成部分的总和，并倾向于将高层的、复杂的对象分解为较低层的、简单的对象来处理②。还原主义者控制结构复杂度的主要手段是分解，并通常采取层级结构的形式展开③。在自然科学当中，这种手段被大量使用。在分子生物学领域，生命物质及过程被分解到分子层面进行研究。在元素化学当中，分子被分解成更基本的元素——原子，而相对于分子的组成而言，原子之间的关系是化学键组合的关系。在微观物理学当中，原子的内部组成又被进一步地分解，更多“基本粒子”的理论和学说被不断地提出，并随着科学的发展一次又一次地刷新我们对物质组成的认识。在工程领域，这种分解更为普遍且分层的倾向也更明显。如果我们需要学习和研究一辆汽车的内部组成结构，那么工程学上最为有效的方法便是将其零部件逐个进行拆解，并弄清楚每个零部件在这个机械系统当中所起的作用。而在进行汽车设计的时候，也会分别考虑车厢及驾驶室、发动机与离合器及变速器、传动轴、车架和承载式车身底板、前后悬挂、制动系统等多个不同组成和层次来进行。在社会科学领域和社会现象当中，层级结构也是非常常见的一种组织形式。例如，我们日常生活中所见到的公司、政府机构、学校等组织在管理上通常都

---

① Berryman S Democritus. Stanford Encyclopedia of Philosophy [EB/OL]. http://plato.stanford.edu/.

② Polkinghorne J C. Reductionism: Interdisciplinary Encyclopedia of Religion and Science [M]. Rome: Centro di Documentazione Interdisciplinare di Scienza e Fede, 2005.

③ Simon H A. The Sciences of the Artificial [M]. 3rd ed. Cambridge, Massachusetts: MIT Press, 1996.

有清晰可见的层级结构。

传统的系统性思维在信息系统领域占据着核心的地位①。在第1章，我们曾经讨论过业务流程中的系统观。与业务流程管理实践关系密切的业务流程管理系统也属于一种典型的信息系统。在业务流程管理系统层面，对结构复杂度的控制对于实现业务流程的柔性起到了非常关键的作用。在业务流程的设计中，控制结构复杂度和实现柔性的设计思想主要有两个：关注点分离（separation of concerns）和模块化（modularization）。

3.2.1 关注点分离

关注点分离是人们在计算科学和软件工程领域的长期实践中确立的一项方法论原则②。所谓关注点分离即“分而治之”（divide-and-conquer）的观点：将整体视为部分的组合体并对各部分分别加以处理③。在编程中使用该原则，可以使程序中的不同信息保持局部性，以便于程序的编写、理解、重用和修改④。而系统架构的不断发展，其实也是遵循着关注点分离的原则不断演化的过程，并且促使系统的柔性不断增加。

为了观察这个变化过程，我们选取业务流程管理系统的总体结构作为参照物来进行讨论。最初引入业务流程管理系统是在20世纪80年代。业务流程管理系统早期的实现方式是以文档为驱动的，系统中包含了许多硬编码（hard code）⑤，并倾向于实现办

---

① Merali Y：Complexity and the Services Science Agenda［M］//Hefley B，Murphy W. Service Science，Management and Engineering Education for the 21st Century. Heidelberg：Springer，2008：285-293.

② 何明昕．关注点分离在计算思维和软件工程中的方法论意义［J］. 计算机科学，2009，36（4）：60-63.

③ Dijkstra E W. On the Role of Scientific Thought，Selected Writings on Computing：A personal Perspective［M］. New York：Springer，1982：60-66.

④ Hürsch L W，Lopes V C. Separation of Concerns［R］. Technical Report，Boston：Northeastern University，1995.

⑤ 所谓硬编码是指在程序当中要改变参数时必须修改原始代码并重新编译的情况。

公自动化[1]和仿照原有的高度结构化的文档处理过程进行系统设计[2]。这样的系统通常包含一些常见的信息对象，比如数据表格或者电子文档，系统中运行的业务流程基本上是围绕着这些信息对象的处理工作。其主要的组织结构是围绕着处理这些信息对象的用户之间所形成的日常事务的形态，其中一部分工作可以通过计算机自动完成。这就好比是工厂里面的流水线，每个“零件”（信息对象）都按照同样的次序经过一个又一个“工位”（系统用户），而其中某些步骤可能由自动化的机器代替完成。

这样的系统被称为单体系统（monolithic system），即系统本身没有明显的层次结构（或者说所有的组件都在一个层次上），系统支持静态的业务流程管理，在设计的时候并未充分考虑业务流程可能产生的变化。Monolithic 这个词通常表示“铁板一块”的意思，这个词义用在这里其实也相当合适。一些 20 世纪 90 年代中期的文献[3]向我们介绍了当时的单体系统的架构是如何实现的。在一个组织当中，虽然多个单体系统之间有时候可能会共享一个中央数据库，但是它们各自运行的业务流程之间是彼此孤立的，受平台的限制，要想实现跨部门的流程非常困难。单体系统的内部结构是紧耦合的。在那个时代，越来越多的软件系统被各自的部门采用不同的技术进行单独的开发。有时候迫不得已非要在两个系统之间建立联系的时候，通常会在数据库后台进行一些表与表之间的数据交换，而在流程层面上的交互则基本没有，通常在技术上也不太可行。由多个相互独立的单体系统组成的企业应用环境如图 3-1 所示。

单体系统架构所能提供的业务流程柔性非常低，因为每一次变

---

① Nutt G J. The Evolution towards Flexible Workflow Systems [J]. Distributed Systems Engineering, 1996, 3 (4): 276-294.

② Medina-Mora R, Winograd T, Flores R, et al. The Action Workflow Approach to Workflow Management Technology [C]. ACM Conference on Computer-Supported Cooperative Work, 1992: 281-288.

③ Georgakopoulos D, Hornick M, Sheth A. An Overview of Workflow Management: From Process Modeling to Workflow Automation Infrastructure [J]. Distributed and Parallel Databases, 1995, 3 (2): 119-153.

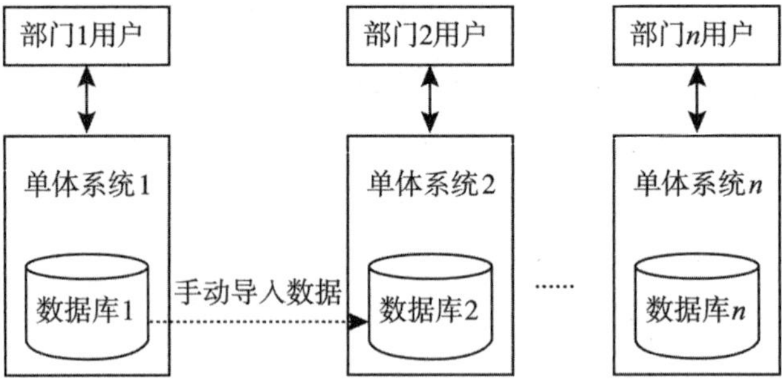

图 3-1 包含多个单体系统的企业应用环境示意图

更所带来的配置管理工作都会非常复杂，并且影响整个系统。单体系统中实施配置管理的基本活动包括①：

- 变更管理：记录来自客户和开发者对于系统变更的请求，权衡这些变更的成本以及对系统的影响，并决定哪些变更请求应该被执行。
- 系统编译：即组装程序的组件、数据和运行库的过程，并通过编译产生可以运行的系统。
- 版本管理：包括追踪系统各组件的不同版本，并确保不同的开发者对组件所做的更改不会影响到其他组件。
- 发布管理：包括准备向用户发布系统的工作，并追踪所有已向用户发布的系统版本。

由于在单体系统当中，每一个细微的变化都需要对系统进行重新编译和发布，这样就加大了配置管理的工作量。与此同时，当许多变更交织在一起的时候，版本控制变得非常繁琐。这些繁琐的工作使得系统应对变化的速度变得迟缓，维护成本也随之提高（见图 3-2）。许多组织逐渐意识到这个问题：没有一个集成的环境，这些单体系统能够提供的效率也非常有限，柔性的缺乏使这些系统

① Sommerville I. Software Engineering [M]. 9th ed. Boston, MA: Addison-Wesley, 2011.

在使用和维护上越发成为阻碍组织快速应对环境变化的绊脚石。

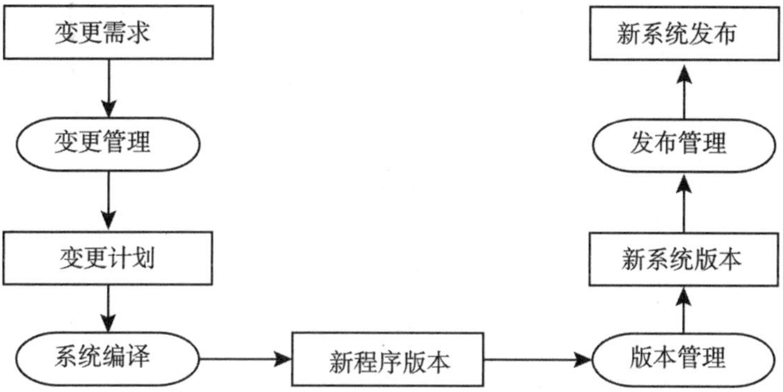

图 3-2 配置管理的基本活动①

虽然在第一代业务流程管理系统的设计当中，基本没有在架构层面上体现出关注点分离的应用，但是第二代的系统已经开始考虑企业对柔性的需求，特别是如何应对需要经常更改业务流程的情况，出现了“流程与规则分离”的设计②③。Muller、Greiner 和 Rahm 甚至将这种设计看做 2000 年前后那一代 BPM 系统的典型架构特征④。流程定义了内部实体（如部门、员工、应用程序等）和外部实体（如客户和合作伙伴等）之间进行交互的方式，它关注的是业务行为是如何执行的。而规则代表的是决策过程中的知识和

① Sommerville I. Software Engineering [M]. 9th ed. Boston, MA: Addison-Wesley, 2011.

② Faget J, Marin M, Patrick M, et al. Business Processes and Business Rules: Business Agility Becomes Real [M] //Workflow Handbook 2003. Lighthouse Point: Future Strategies Inc., 2003: 77-92.

③ Lienhard H, Künzi U-M. Workflow and Business Rules: A Common Approach [M] //Fischer L. Workflow Handbook 2005. Lighthouse Point: Future Strategies Inc., 2005: 129-140.

④ Müller R, Greiner U, Rahm E. Agent Work: A Workflow System Supporting Rule-Based Workflow Adaptation [J]. Data & Knowledge Engineering, 2004, 51 (2): 223-256.

逻辑，它关注的是“做什么”（what），即具体的内容；而不是“怎么做”（how），即执行的过程①。流程与规则分离的原因在于，流程通常是相对固定的，而进行决策的规则却经常发生变化。举个简单的例子，多数情况下，一个审批的流程大致上包含这样的几个步骤：①申请人提交申请，②审批单位接收申请并检查提交的材料，③根据审批的规则和已有的信息做出审批，④返回审批的结果。这个描述虽然比较概要，但是在许多行业当中，审批的流程大致如此，所不同的地方主要是提交审批的事项和材料，以及各行各业根据审批的内容所执行的规则。但是这些规则往往经常发生变化。这一现象在知识密集型的组织当中尤为明显，比如金融行业、政府部门和高科技行业。这些行业的业务流程当中，通常应用大量的业务规则。如果这些组织采用之前介绍的单体系统来实现这些规则的自动化执行，那么大量的变更请求会导致这些系统无法消化进而难以维护。因此业务规则需要从流程当中剥离出来，并由通晓这些规则的业务人员进行管理，而不是依赖于将这些规则写入到程序中的开发人员。

在流程与规则分离的设计思想影响下，许多知识库系统（knowledge-based system，KBS）被引入企业应用当中，这些系统很多时候又被称为专家系统（expert system）。知识库系统借助人工智能（artificial intelligence）的方法和技术，使用基于计算机的知识推理为解决问题提供决策。在 KBS 的实现当中，有一项专门的工作称为知识工程（knowledge engineering）。正如软件工程关注开发大型软件系统的方法与技术，知识工程关注的是知识库系统的开发与构建②。尽管 KBS 有许多种类型，但知识工程的主要内容有两

---

① Faget J, Marin M, Patrick M, et al. Business Processes and Business Rules: Business Agility Becomes Real [M] //Workflow Handbook 2003. Lighthouse Point: Future Strategies Inc., 2003: 77-92.

② Studer R, Benjamins V R, Fensel D. Knowledge Engineering: Principles and Methods [J]. Data & Knowledge Engineering, 1998, 25 (1-2): 161-197.

个：知识获取和知识表达①②。知识获取（knowledge acquisition）是收集、组织和构造关于某个主题、域或问题区间的知识的过程，并为最终将其整理进入 KBS 做准备；而知识表达（knowledge representation）是将知识用计算机可以理解的形式进行表达③。在人工智能领域，目前有相当多的技术可以用于知识表达，常见的有产生式规则（production rules）、语义网络（semantic networks）、框架（frames）和语义网（semantic web）等。当知识表达准备妥当之后，KBS Shell 就可以使用这些知识表达模型进行推理，并将结果提供给用户作为参考，如图 3-3 所示。

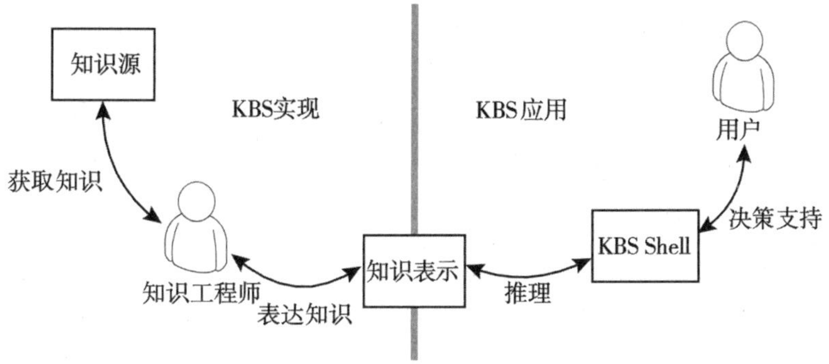

图 3-3 KBS 实现与应用过程中的基本活动④

与之前提到的单体系统相比，KBS 可以清晰地追踪从知识源到知识表达之间的关系。一旦知识源发生变化，可以轻易地定位

① Kendal S, Creen M. An Introduction to Knowledge Engineering [M]. London: Springer, 2006.

② Gaines B R, Shaw M L G. Eliciting Knowledge and Transferring It Effectively to a Knowledge-Based System [J]. IEEE Transactions on Knowledge and Data Engineering, 1992, 5 (1): 4-14.

③ Gašević D, Djurić D, Devedžić V. Model Driven Engineering and Ontology Development [M]. 2nd ed. Heidelberg: Springer, 2009.

④ Gaines B R, Shaw M L G. Eliciting Knowledge and Transferring It Effectively to a Knowledge-Based System [J]. IEEE Transactions on Knowledge and Data Engineering, 1992, 5 (1): 4-14.

到需要更改的知识表达模型，并做出相应的更改。更重要的是，单体系统中遇到的系统配置问题在 KBS 上处理起来要容易得多。受益于这种可追溯性，知识表达的版本控制只需要时刻保持与知识源一致，并且由于知识表达与流程是分离的，因此不需要重新编译整个系统，也没有了发布管理上的维护成本。每个知识表达模型之间可以保持相对独立，这便于它们在版本控制上不易发生相互影响。

这里需要特别指出的一点是，KBS 并没有在整体上减少知识应用的复杂度。在单体系统当中，为了实现同样的功能，依然需要知识获取与知识表达的工作和过程，只不过这些工作都需要由系统的开发和维护人员负责完成，所有的复杂度都堆积在 IT 部门和 IT 人员身上。而在 KBS 当中，这样的复杂度被分解并分开管理和控制了。在 KBS 当中，IT 人员只需要专注于软件系统的开发和维护，知识和规则的建模和维护则由知识工程师来完成。知识工程师的角色可以由通晓业务规则的业务人员经过相应的知识表达技能培训之后来承担，也可以由通晓人工智能知识的技术人员经过业务培训之后来充当。这里的关键在于选择何种知识表达技术来构建 KBS。通常而言，知识表达技术的表达能力（expressiveness）和学习该技术的困难程度以及进行推理的困难程度成正比关系。也就是说，表达能力越强的技术，例如语义网技术，学习起来就越困难，想要设计并实现利用该技术进行运算的推理引擎（inference engine）就越困难①。这再一次印证了我们之前的观点，复杂度不会减少，只能对其进行管理和控制。在 KBS 当中，维护和应对变更的复杂度被分摊到拥有不同技能的人员身上。通过不同人员分工的方式管理各自擅长的领域，提高了工作的效率，因而加速了系统应对变化的能力，所以具有更高的柔性。而这样做的代价是，产生另外一个需要平衡的方面：表达能力和技术的复杂程度（即其拥有成本）。如果选用易于业务人员学习的知识表达技术，能够保证本

① Russell S J, Norvig P. Artificial Intelligence: A Modern Approach [M] //3rd ed. Upper Saddle River. New Jersey: Prentice Hall, 2010.

单位的业务人员可以较快掌握该技术，并有更多业务人员可以达到建模技能的水平要求。然而使用简单建模技术所得到的模型由于表达能力较弱，模型的体量会更大。举个例子，一个在语义网中非常简单的模型，用产生式来表达的话可能需要很大的篇幅。在这种情况下，推理引擎的结构会比较简单，即其售价或者开发成本较低，而模型维护起来却会比较麻烦，可读性也较差。如果采用高级的知识表达技术，可以获得更高的表达能力，即使用简单的模型便可以表达出复杂的业务逻辑；但是人员的培训成本较高，与此同时，推理引擎也很复杂，即其售价或开发成本更高。由此可见，复杂度的控制和分解其实也体现在对 KBS 的维护成本与拥有成本之间的权衡上。

KBS 的发展和应用同样也引起了应用架构的变化。KBS 体现的是流程与规则分离的设计思想，但是要发挥 KBS 的真正作用必须将决策的功能引入到具体的流程当中，这就对系统之间的集成有了更高的要求。这种需求催生了多种中间件技术和企业应用集成（enterprise application integration，EAI）技术的发展。为了集成企业现有的各种应用，EAI 技术在 20 世纪 90 年代开始逐渐被广泛应用①。正因为有了可以实现多系统集成的环境，才真正使得流程与规则分离的设计上升到架构的层面成为一种可能。

EAI 的实现需要创建和管理许多中间件（middleware）以满足流程与规则分离的要求。由于流程中有多个步骤，其中若干个步骤可能需要将业务规则或业务逻辑从流程中剥离出来并在单独的系统中进行管理。在流程的运行过程当中，这些系统需要与流程系统进行通信以实现决策支持的功能。在这个过程当中，可能还需要跟一些遗留系统（legacy system）进行数据交换，例如多年前开发的某个单体系统。这些系统之间的交互都需要依靠相应的中间件来完成。图 3-4 给出了一个在 EAI 架构下实现业务流程的例子。

用现在的眼光来看，早期的 EAI 技术是有些落伍的。其中最

① Lee J, Siau K, Hong S. Enterprise Integration with ERP and EAI [J]. Communications of the ACM, 2003, 46 (2): 54-60.

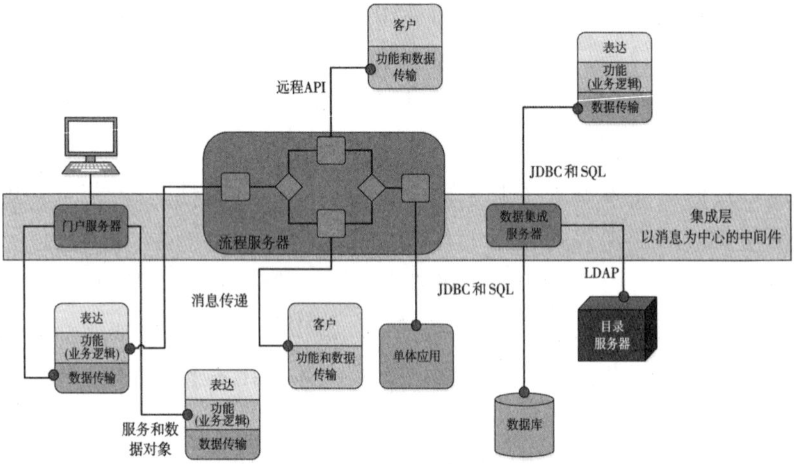

图 3-4　基于 EAI 技术的业务流程管理系统中流程与规则分离的实现①

重要的一个原因是中间件的开发和维护的复杂度问题。在早期的 EAI 应用中，为了实现两个应用系统之间的连接，需要为这两个系统开发一个中间件。如果一个组织仅仅有两三个系统需要集成，这样做问题不大。但如果需要集成的系统数目众多的话，中间件的开发和管理就是一件非常麻烦的事情。假设某企业有 n 个系统需要以这种 EAI 的方式进行相互连通，其中 $n \geq 2$，那么需要开发和维护的中间件数量为 $n(n-1)/2$。如果这个企业有 10 个系统需要进行相互连接，那么中间件的数目将会是 45 个。然而，根据 Samtani 和 Sadwani② 的估计，在当时，世界 500 强的企业平均至少有 50 个在不同技术平台上的系统需要进行集成，这意味着完成这项集成工作需要维护上千个中间件。由于这些中间件都是针对指定系统特别定制的，一旦系统的输入输出发生变化，与之相连的所有中间件都需

① Howe J. The Rise of Crowdsourcing [J]. Wired Magazine: Condé Nast, 2006, 14 (6): 176-183.

② Samtani G, Sadhwani D. Enterprise Application Integration (EAI) and Web Services [M] // Web Services Business Strategies and Architectures. New York: Apress, 2002: 38-55.

要进行修改。随着系统数量的增加而带来的中间件数量的爆炸式增长，以及与之伴随的繁重的维护工作成了早期 EAI 技术的短板。

要想解决早期 EAI 的致命短板，这就要求不同技术平台上的应用都能通过一个统一的接口标准进行通信。在 2000 年，简单对象访问协议（simple object access protocol，SOAP）的提出为解决这个问题指明了一条出路。很快，许多公司和软件供应商开始意识到构建非专有互联网通信框架在推进电子业务技术上的巨大潜力。这最终催生了创建一种完全基于 Web 分布式技术的标准化通信框架的想法，并以此实现横跨组织内部和组织之间各种差异化应用的概念①。这一概念被称为 Web 服务。伴随着 Web 服务的提出，模块化的架构设计思想开始流行，并促使 SOA 成为当前业界广泛采用的架构。

3.2.2 模块化

模块化（modularization）是一种通过信息隐藏的手段来控制复杂度的设计方法。"信息隐藏"（information hiding）概念的提出者 Parnas② 认为，如果设计的内容可以隐藏或者封装在系统的一个单独的模块当中，那么该内容无法作用于这个系统的其他模块。因此，可以限制该模块上的变化对其他模块所带来的影响。从这个意义上讲，一个模块"由将其独立于其他模块的设计决策（design decision）所塑造，并在其接口的定义中尽可能少地透露它的内部工作的信息"。

模块的概念与组件的概念有所不同。组件是一个系统的组成部分，是以观察者的角度来看待系统，以划分或者分解的方式来界定组件。模块则是以设计者的角度来看待系统，并有意识地在设计中封装模块内部的内容，以方便对整体系统的构造。所以一个系统的

① Erl T. Service-Oriented Architecture: Concepts, Technology, and Design [M] //Upper Saddle River. New Jersey: Prentice Hall, 2005.

② Parnas D L. On the Criteria to be Used in Decomposing Systems into Modules [J]. Communications of the ACM, 1972, 15 (12): 1053-1058.

模块是该系统的一个组件，但是一个系统的组件则未必是该系统的一个模块。一个系统的组件成为该系统的模块的必要条件是：①与在同一个层次上的其他模块相对独立，即在设计该模块的过程中不需要知道其他与之平行的模块内部的信息；②允许模块之间的重组或替换而不需要对整个系统进行重新组装[①]。在一个系统的设计中，也未必所有的组件都要设计成模块。但将组件设计成模块可以使其易于管理和维护，同时具备可重用性。一个系统模块化的程度可以用模块性（modularity）来表示。模块性是一个普遍的系统概念，用于描述"一个系统的组件可以拆分并重组的程度"[②]。

SOA 从本质上讲是一种模块化架构（modular architecture）[③]。SOA 的基本要素除了上面介绍的 SOAP 之外，还包括 WSDL（web services description language，网络服务描述语言），用于描述某个 Web 服务的功能和接口；以及 UDDI（universal description, discovery and integration，通用描述、发现与集成服务），用于 Web 服务的组成与检索，如图 3-5 所示。在 SOA 框架下使用 Web 服务，为不同软硬件平台上的应用提供了一个共同遵守的接口规范，这意味着不同的 Web 服务之间的数据交换不再需要定制专门的中间件。Web 服务可以将服务功能和计算资源进行封装，这使得该服务可以被不同的流程所使用，很大程度上提高了该服务的可重用性。

SOA 的模块化特点不但克服了早期 EAI 的中间件问题，对业务流程的柔性也有很大的促进。一旦组织原有的各项运算功能，无论其所在何种平台、以何种技术实现，都可以被封装成 Web 服务，那么不同的业务流程就可以通过选取相应服务进行组合。如图 3-6

---

① Parnas D L. On the Criteria to be Used in Decomposing Systems into Modules [J]. Communications of the ACM, 1972, 15 (12): 1053-1058.

② Schilling M A. Toward a General Modular Systems Theory and Its Application to Interfirm Product Modularity [J]. Academy of Management Review, 2000, 25 (2): 312-334.

③ Tiwana A, Konsynski B. Complementarities Between Organizational IT Architecture and Governance Structure [J]. Information Systems Research, 2010, 21 (2): 288-304.

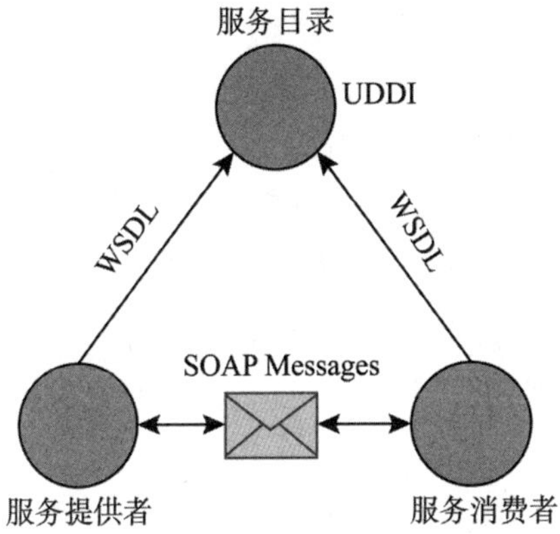

图 3-5 SOA 的基本技术要素

所示，同一个服务所封装的功能可以被多个不同的业务流程所使用，一个业务流程可以通过调用和组合多个服务来实现。这种封装和重用性所带来的丰富的服务组合使得业务流程具备丰富多样的变化。在适当的管理机制下，这些丰富的变化可以为业务流程带来较高的柔性水平。但是如果控制不当的话，这种丰富的变化无疑是另外一种复杂度的体现。

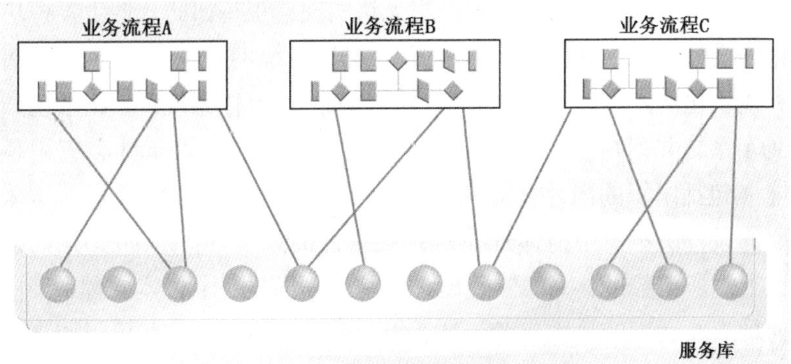

图 3-6 通过选取相应的服务组成不同的业务流程

当前 SOA 系统的实现上，选取哪些 Web 服务，以及如何将它们进行服务组合是通过人工设定的方式，例如使用 BPEL 进行编排。现在的辅助工具已经非常易于使用，用户不需要太多的计算机专业知识，便可以在 BPEL 的环境中完成将服务组合成业务流程的配置。在笔者的教学经历当中，许多非计算机专业的硕士一年级学生都可以在短期内学会并实现简单的 BPEL 应用。但是这些内容是一项不折不扣的设计工作，选取哪个服务来实现流程中的某个步骤，通常可以出现多个方案。此外，这也是一件“手工活”，也就是说，当 Web 服务目录中存在非常多的服务时，如何寻找到合适的服务，以及如何判断哪个服务更合适，便成为新的问题。

3.2.3 粒度

从单体系统到 SOA，从关注点分离到模块化设计，这些系统设计方法主要考虑的是对系统的分解，体现出了极致的还原主义方法论。应当说这样的方法论在对柔性的提高上起到了非常有效的作用。在同样的规模下，如今的 SOA 系统远比以前的单体系统和 EAI 系统易于实现，并且易于更改，因此也拥有更高的柔性。

简单回顾一下我们之前的讨论内容。从单体系统到 EAI 系统应用了关注点分离的设计思想。单从关注点分离的角度来看，SOA 系统和 EAI 系统没有太大的区别。如果我们不介意繁杂的中间件管理的话，EAI 系统也可以分解出非常多的组件。但实际上，爆炸式增长的中间件数量使这种设想无法实现，正是如此才催生了模块化的设计思想。从这个角度来看，SOA 系统的设计是关注点分离和模块化两种设计思想叠加之后的结果。把单体系统、EAI 系统和 SOA 系统并列在一起进行比较，它们在各自的技术条件和应用环境（包括组织的内外部需求和人们在当时的认知水平等）下所采取的设计决策集中地体现在对系统组件的粒度（granularity）的把握上。所谓粒度，又叫颗粒度，通常用来描述一个物体或者系统由何种大小程度的片段或者颗粒所组成。换句话说，粒度可以用来描述一个系统可以分解成多大的组件，或者若干小的实体可以构成更大的实体的程度。前者常用于表述设计者对系统进行分解的程度（一个系统最小的组成单位是什么），或者观察者所在的位置（我们是在集团层面还是在部门层面讨论某个问题）。而后者通常表述一个实体如何由比其更小的实体所构成（我们如何使用许多小零件组装某个部件）。

粒度并不是一个可以很容易量化的性质，所谓粒度的粗细、大小都是相对而言的。例如，我们在描述一个银行的营业大厅的服务功能的时候，将其表述为处理客户请求，那么这是一个粗粒度的描述；如果我们将其表述为开设账户、存取款、修改客户信息、注销账户等，那么这是一个细粒度的描述。当然，我们还可以做出更粗或者更细的描述，这体现的是对粒度的大小的控制。粒度的控制与系统边界划分这个概念的最大不同在于，后者是对系统范围的描述，而前者是对系统分解的描述。作者主张将系统边界和粒度看做是系统论领域中的两个平行的概念：二者不以对方的存在为前提，可以单独地进行操作。

在 SOA 系统中，对粒度的控制是非常重要的设计决策。决定 SOA 系统中 Web 服务的粒度大小意味着设计者认为将什么内容封装成 Web 服务更为合适。细粒度的服务封装了相对较少的功能，与此同时该服务提供的外部接口也相对简单，与服务请求方进行交换的数据也较少。然而，在业务流程的实现上，可能要调用许多个细粒度的服务，通过多次的服务请求交互。与之相对的粗粒度的服务则是在一个 Web 服务中封装了更多的业务功能和处理能力，这样可以减少业务流程中服务请求的次数，但相应也会带来服务内部的复杂性，交互大量的数据，因此在进行变更的时候需要更多的工作量。这并不能说粒度一定越细越好，或者越粗越好。一个良好的 SOA 架构设计，应当在服务的粒度设计上取得一种平衡：决定大小合适的粒度。至于怎样的大小才算合适，这往往取决于该业务所需要的柔性、重用性、将来变更的可能性、服务实现和变更的成本、维护的成本和时间的需要等因素。决定粒度大小的设计决策，往往反映了设计者对以上因素的判断和考虑，在不同的倾向下，会做出区别相当大的设计方案。

为了讨论对粒度的控制所带来的不同影响，我们使用一个简化的业务流程片段进行举例。这个例子来自荷兰移民和外事方面的相关法规，完整的法规是非常错综复杂的体系，本案例提供的是其中非常小的一个片段。但是该片段记录了在进行行政审批的流程中的关键业务逻辑，并且是可以通过计算机自动执行的部分①。该部分法规在实际实施中的整个业务流程也是相当复杂的，涉及的单位包括移民局、领事馆和市政厅，但我们要讨论的内容只涉及在移民局进行行政审批的这个部分。该内容的简单陈述如下：荷兰对于满足以下条件的高等技术人才在荷工作提供工作居留许可：①30 岁以下的申请人，年收入需达到 34130 欧元；②30 岁及以上的申请人，年收入需达到 46541 欧元。作者在中荷两地的研究生教学当中经常使用这个例子，因为它背景简单，容易理解，而与此同时在实现该业务逻辑的时候却能折射出不同的设计风格，并反映设计者对粒度的考虑。

虽然该业务逻辑的文字描述只有短短的一句话，但是在进行流程和 Web 服务设计的时候需要考虑的内容却远不止这一点。在进行设计决策之前，设计者需要考虑包括但不限于以下事项：

- 进行该行政审批需要什么信息？
- 什么功能需要封装在服务当中？
- 什么功能之间需要分开封装（或者什么功能可以合并封装）？
- 什么服务可以被其他流程重用？
- 什么样的粒度合适该流程的设计？
- 服务以及流程的实现和维护是否方便？

我们来逐个探讨以上提出的问题。首先，行政审批所需要的信息至少要满足法规条文所提出的两点要求，即申请人的年龄和年收入。然而在法规的实施过程中，光是满足这些信息需求是不够的。法律法规提出的只是“做什么”（what），而不是“怎么做”（how），这跟我们之前讨论关注点分离的时候提到的业务逻辑非常相似。在不会产生不良影响和风险的情况下，法律法规不去过多地涉及“怎么做”，可以为法规的执行提供充分的流程设计的空间。

① 与之相对的是一些难以通过计算机完成而必须由人工来执行的部分，比如判断所提交的证明材料的真伪和完整性（是否签字盖章等）。

否则，一旦规定了“怎么做”，行政单位就必须严格按照法规指定的流程去进行，且在法规变更之前，该流程不得变更，但现实情况往往复杂多变，这样未必能很好地实施该法规。从法律法规到计算机应用中的业务流程的设计和实施的工作被称为法律工程学（legal engineering），是一门集法律、知识工程和软件工程于一身的交叉学科研究领域①。在进行行政流程的实现当中，流程的设计者为了实现一个实际可用的流程，往往需要在不改变法律法规原意和法律精神的基础上，根据实际操作的需要，额外添加一些必要的信息。在我们的例子里，一个不可或缺的信息便是申请人的身份证明。确定申请人的主体虽然没有在该法规片段中提到，但是可以想象，如果没有申请人的身份证明，整个申请和审批的流程也无法正常进行。至于采用何种身份证明，法律法规并无特别说明，这需要流程的设计者根据实际情况和常识进行补充，通常可以采用身份证、居留许可证和护照等正规的证明材料。为了不涉及过多的细节，我们在这里假设申请人可以提供某个 ID 来作为自己的身份证明。

其次，设计者要考虑什么功能可以封装成服务。为了满足行政审批的要求，我们需要获得申请人的年龄和年收入信息，这是行政决策的准备工作。当所有信息都齐全后，还需要进行审批的决策判断。也就是说，该流程中需要两类功能：一种是信息获取的功能，一种是决策的功能。在技术和数据条件不具备的情况下，这些信息的获取可能是由人工完成的，比如阅读身份证件上的出生日期，以及使用由雇主开具的收入证明等。而在技术和数据条件允许的情况下，这些功能也可以由计算机来完成，比如读取身份数据库中的出生日期，以及调用税务系统中个人缴税记录里面的年收入信息等。

讨论进行到这里，读者可能会有一个印象：当技术和数据条件允许的时候，需要对信息获取的功能进行封装，而条件不允许的时候不作为 SOA 系统中的一个 Web 服务来设计。这种想法自然具有

① Van Engers T. Legal Engineering: A Structural Approach to Improving Legal Quality [M] //Macintosh A, Ellis R, Allen T. Applications and Innovations in Intelligent Systems XIII, London: Springer, 2006: 3-10.

一定的合理性，但是作者主张将所有需要的功能都封装成服务，不管这些功能是由计算机完成的还是由人工完成的。SOA 系统具有很好的跨平台特性，即只要满足 SOA 的技术规范，不管使用何种平台和技术所实现的功能都可以封装成 Web 服务并发布。那么从原则上讲，只要一个应用满足这些要求，哪怕实际上是人工在屏幕上进行操作所完成的功能，也可以和其他完全由计算机执行的功能一样封装成 Web 服务。

亚马逊的 Mechanical Turk（MTurk）可以说是一个典型的将人的工作任务当成像是计算机执行的任务那样进行管理的例子。MTurk 的理念认为，目前还有很多事情人工处理比计算机来得更有效，比如识别照片或者视频中的内容，删除意思重复的内容，抄录录音记录或者是研究数据的细节。这些工作以往是通过雇佣大量的临时工来完成，其往往耗时、昂贵并且在规模上难以控制。MTurk 为此专门提供一个 Web 服务的应用程序编程接口（application programming interface，API），通过远程过程调用（remote procedure call，RPC）将人的工作整合到一起。当任务的请求者提出一个具体的请求时，MTurk 就会将这一请求发送给执行任务的人，并由执行者对此做出应答，然后 MTurk 将回应传给请求者。对于这种将人工的任务以计算机处理的方式进行整合的工作，亚马逊称为“人工的人工智能”（artificial artificial intelligence）。这种将基于软件的服务（software-based services，SBS）和人工提供的服务（human-provided services，HPS）混合在一起的服务系统设计称为混合型面向服务的系统（mixed service-oriented systems），其最大的好处在于不需要为了区分 SBS 和 HPS 而设立并行的两套系统①。

在我们的例子当中，如果将所有信息获取的功能，不管是计

① Gino F，Staats B R. The Microwork Solution：A New Approach to Outsourcing Can Support Economic Development-and Add to Your Bottom Line [J]. Harvard Business Review，2012，90（12）：92-96.

算机完成的还是人工完成的，都设计并封装成服务，我们同样可以在一个SOA系统当中完成业务流程的配置和实现。也许目前一些功能需要人工来完成，比如身份信息的录入，但如果将来这些功能可以由计算机来执行，那么替换掉人工完成的部分会变得相对容易——只需要将某个服务进行替换或者更新，而不会影响其他服务的内容。这是封装所带来的好处，同时提高了流程的可维护性。此外，本例子中的决策的功能比较简单，并且可以由计算机很好地执行，因此我们自然乐意将其封装在一个或多个服务当中。

既然我们已经决定将所有功能都封装到Web服务中去，接下来需要考虑的是什么功能应当封装在一个服务当中，而什么功能应当分别封装。从关注点分离的原则上讲，信息获取和决策是两种不同类型的功能：前者与过程相关，而后者与决策相关。将两种类型的功能混合封装进一个Web服务当中的做法并不合适，这一点即使没有特别学习过关注点分离的设计者也不会将两者混合封装。主要的问题是，同一个类型下的功能应该单独封装到不同的Web服务里还是合并封装到一个服务中。为了探讨这个问题，我们不妨将所有的封装方案都罗列出来。得益于我们这个例子的简单程度，所有的服务封装方案共计6种：其中，信息获取的服务有3项（如表3-1所示），另外3项为决策服务（如表3-2所示）。在提供信息获取功能的3项服务当中，GetAge和GetIncome都是细粒度的服务，其本身功能单一，已无进一步分解的必要；而GetProfile是相对粗粒度的服务，实际上包含了前两者的功能。与之相似，在提供决策功能的3项服务中，DecisionYoungerThan30和DecisionElderThan30是细粒度的服务，而DecisionMaking是相对粗粒度的服务。这里需要说明的是，在实际工作中，这种具有相同功能但粒度大小不同的服务通常不会并存，因为我们没有必要重复开发相同的功能。在这个例子当中，列出所有封装方案只是为了对它们进行比较和讨论。

表 3-1　　**提供信息获取功能的 3 项服务**

模块说明	模块接口示意图
GetAge：获取申请人的年龄	
GetIncome：获取申请人的年收入	
GetProfile：同时获取申请人的年龄和年收入	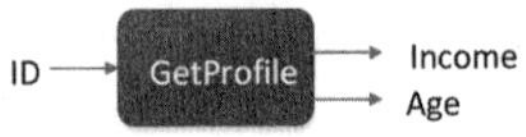

表 3-2　　**提供决策功能的 3 项服务**

模块说明	DecisionYoungerThan30：在申请人年龄不足 30 岁的情况下，根据年收入提供居留申请的审批决策

业务逻辑伪代码	String Decision (float income) {
	If (income >= 34130) return "Resident Permit is Granted.";
	Else return "Resident Permit is Rejected.";
	}

模块接口示意图	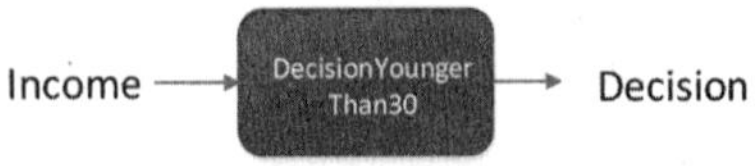
模块说明	DecisionElderThan30：在申请人年龄达到或超过 30 岁的情况下，根据年收入提供居留申请的审批决策

业务逻辑伪代码	String Decision (float income) {
	If (income >= 46541) return "Resident Permit is Granted.";
	Else return "Resident Permit is Rejected.";
	}

模块接口示意图	
模块说明	DecisionMaking：根据申请人的年龄和年收入进行决策

续表

业务逻辑伪代码	String Decision (int age, float income) {
	If (income > = 46541) return "Resident Permit is Granted.";
	Else if (income > = 34130 and age < 30) return "Resident Permit is Granted.";
	Else return "Resident Permit is Rejected.";
	}

模块接口示意图	

如果我们的 Web 服务目录中拥有以上的 6 项服务可供任意选择，那么接下来的将是流程设计的问题，同时涉及服务的可重用性和对流程响应时间的要求，还有实施和维护上的考虑。在这些需求上的不同认识会对设计的决策带来很大的影响，并最终形成风格各异的设计结果。

接下来我们讨论一下 3 种典型的设计方案。这些流程设计都是为了实现同样的一个功能，即一个申请人通过服务端口程序向系统提交自己的 ID，然后系统根据申请人的信息做出行政审批决策并返回审批结果。有 BPEL 使用经验的读者可能会发现，这些方案的流程示意图中所使用的"receiveInput""callbackClient""Assign"和"Invoke"等关键词主要是在模仿 Oracle BPEL 用户界面的风格，这些设计方案想要表达的是在 BPEL 环境下，流程设计师所能实现的设计结果。这样的设定一方面可以反映在具体某个环境中设计师进行设计的自由度；另一方面，读者们也可以体会之前我们对服务封装的设计以及选取不同的服务在实际的使用中对流程设计的影响。

首先，我们来看看如果按照以前的单体系统的设计思路，我们是否可以实现一个尽可能包含所有业务逻辑的流程设计方案。虽然说这是一个 SOA 环境下的例子，但这只是意味着在流程的设计和配置环境中提供了许多 Web 服务可供选择和调用，并没有任何规定非要使用或者不使用 Web 服务。换句话说，流程设计者在 SOA 环境下设计一个单体系统看起来不太符合实际，但是并非没有可能。当然，在我们的例子当中，完全不调用 Web 服务是不可能的，因为流程的输入除了使用提供信息获取功能的三项服务之外，没有别的可供输入的渠道。然而，如果执意要这样做的话，设计者仍可以尽量少地使用 Web 服务，并把相关的业务逻辑直接写入到业务流程中。虽然表达能力比较有限，但是 BPEL 环境中确实可以将简单的判断逻辑写入到流程控制语句当中。当然这种设计思路下，设计方案不止一种，因为我们既可以先从申请人的年龄开始判断，然后再根据其收入进行决策；或者反过来，先根据申请人的收入，再根据其年龄进行判断，如图 3-7 所示。在方案一中，流程首先获取申请者的收入信息，通过判断结果，产生 3 条不同分支，在其中一条分支下，通过年龄信息继续进行判断，并产生两条分支。即总共有 4 条分支，最后返回相应的结果。这种将业务逻辑直接写入流程的设计方案，将业务逻辑的复杂度全部暴露在流程当中，其设计出的流程自然看起来要复杂一些，流程的分支也是最多的。

这样的设计方案也许不符合我们现代的设计观念，但是并非一无是处。在 3 种情况下，流程的设计者有较充分的理由来支持这样的设计。第一，如果决策功能不存在重用性的要求的话，并不一定非要将其中的业务逻辑封装成 Web 服务。虽然将业务逻辑封装会有一些附带的好处，比如更方便应对将来的结构性变化等考虑，但是在完全没有重用性需求的情况下，封装的必要性并不高。第二，如果该流程对响应时间和稳定性的要求非常高，减少 Web 服务的调用可以缩短程序的响应时间。与此同时，杜绝了将业务逻辑封装在 Web 服务中所造成的不透明的情况之后，流程的可靠性能够得到一定的提升。这里需要指出的是，这种提升是要视情况而定的。如果流程过于复杂，将所有东西放在一起杂乱无章难以维护的话，可靠性也许反而会下降。第三，如果封装在 Web 服务中的内容由其他部门或人员进行维护和管理，而流程的执行结果却必须由流程的设计者和执行者负责的话，不恰当的职责划分和规定可能会导致流程的设计者更愿意将所有内容都置于自己的掌控之下。如果业务

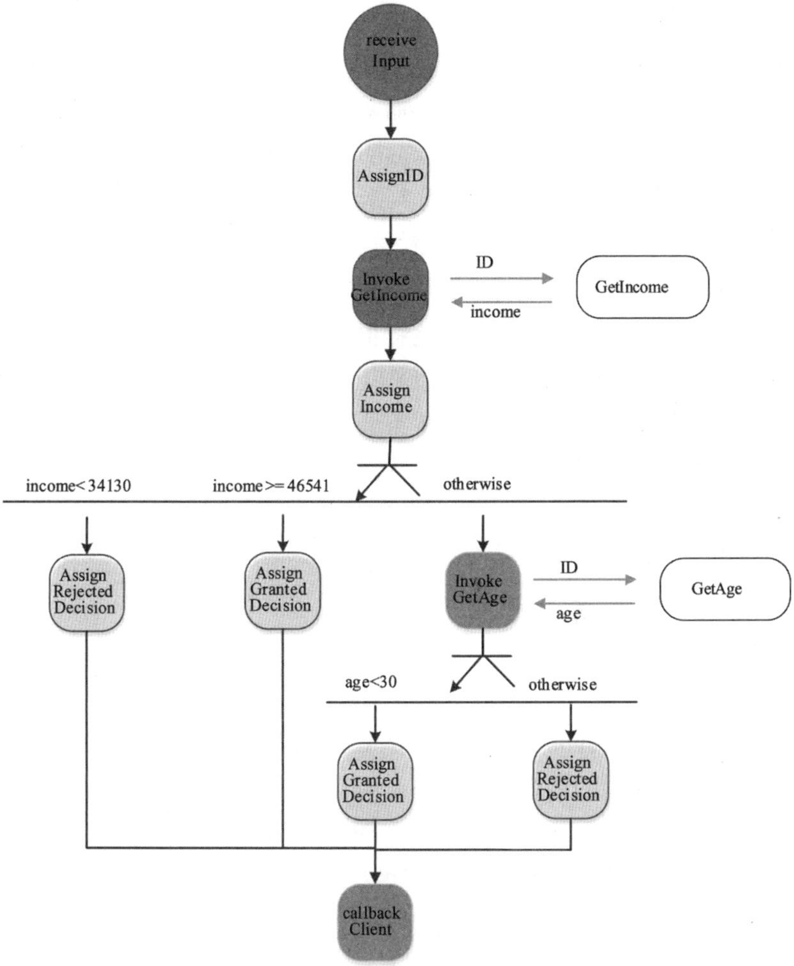

图 3-7 方案一的 BPEL 模型示意图

逻辑需要更新，这种设计的方案至少可以清楚地看见业务逻辑的内容是否已经是最新的版本。由此可见，SOA 只是提供了一个模块化的技术环境，想要贯彻模块化的设计还需要从流程和管理上进行相应的考虑。模块化的设计并不是一个单纯的技术问题。

其次，如果我们考虑关注点分离的设计原则，将业务逻辑从流程中剥离出来可以简化流程的设计。简化的程度与业务逻辑剥离的程度相关。如果保留方案一中细粒度的信息获取服务，同时在业务逻辑的判断上也使用细粒度的决策服务，那么流程的路径便可以缩减到两条，如图 3-8 中的方案二所示。该方案将申请人年龄的判断条件直接写入了业务流程当中，而基于收入的判断业务逻辑则调用相应的 Web 服务来完成。由于 DecisionYoungerThan30 和 DecisionElderThan30 这两个服务本身不包含对年龄的判断，因此对申请人年龄的区分就只能交给流程本身去完成了。从这个角度来看，在选用细粒度服务进行流程设计的时候，也意味着流程当中必须保留部分业务逻辑，以便该流程根据输入的实际情况准确地调用合适的 Web 服务。该方案的最大特点是全部采用细粒度的 Web 服务，无论是信息获取服务还是决策服务。

这种设计方案有其优缺点。优点有三处，一是使用细粒度的服务可以在一定程度上保证服务的可重用性。细粒度的服务由于功能相对单一，可以使用的场合往往较多。例如获取申请人年龄和收入的两项细粒度服务，在申请工作居留的流程中可以使用，在其他一些行政审批当中，年龄或者收入通常也是需要获取的信息，创建并使用这些 Web 服务从单位的全局考虑是具有价值的，虽然对于单个流程而言，这样的设计也许不是最优化或者最简化的方案。二是细粒度服务封装的内容较少，在对内容进行修改的时候相对简单和容易。举个例子，如果法规只是对 30 岁及以上的人员的申请条件进行了修改，那么使用这种细粒度的服务在修改的时候会较为容易。不过，这样同时也意味着定位这些细粒度的服务会稍微麻烦一些，因为同样的功能被进行细粒度封装之后，Web 服务的数量自然会比进行粗粒度封装的情况要多出不少。在我们的例子当中，粗细粒度之间成倍数关系。细粒度在修改的时候虽然会较方便，但是由于数目较多，寻找对应的细粒度服务自然会比寻找对应的粗粒度服务要麻烦一些。这符合我们之前的观点：复杂度不会消失，只会转移或者以不同的形式出现。三是流程的分支确确实实减少了，方案二的流程看起来的确要比方案一的容易理解一些。至于该方案的缺点，主要是需要调用的 Web 服务数量较多。我们之前也讨论过调用数量越多流程的响应时间会相对增加，与此同

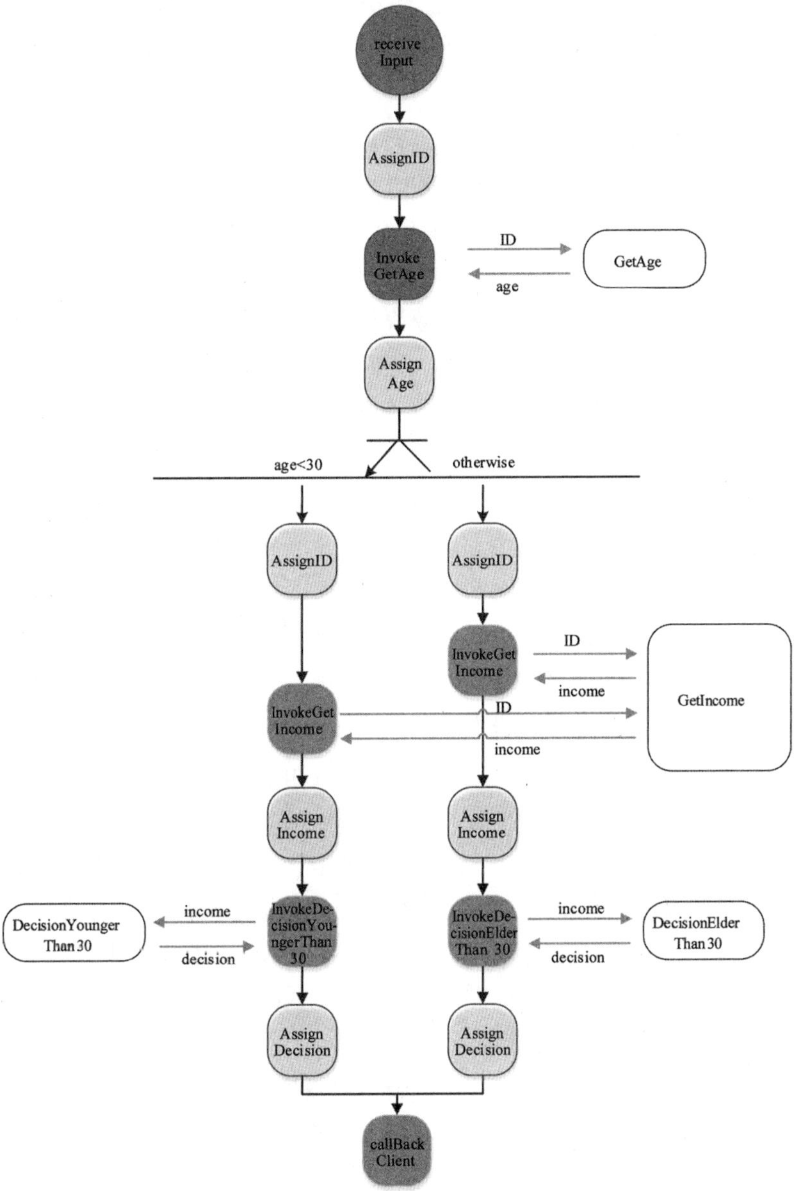

图 3-8 方案二的 BPEL 模型示意图

时，可靠性也会降低。此外，虽然这个方案只调用了4个Web服务，并不算多，但是在实际应用中，当一个流程涉及许多Web服务的时候，不仅是流程的分支数目问题，流程的调试和配置也会变得复杂。

模块化的设计主要优先考虑的是信息隐藏，其次才是考虑重用性等附加的作用。如果我们将信息隐藏推向极致的话，方案三（如图3-9所示）应该是最容易想到的一种设计方案。该方案调用粗粒度的Web服务，服务调用次数很少，仅有两次。在该方案中，所有的业务逻辑都被剥离出业务流程，业务流程中不进行任何直接判断，基于申请者的年龄及收入判断均通过调用Web服务来实现。从流程的模型上看，该方案的业务流程非常清晰与简单，它只有一条路径，而无其他分支。这种设计方案的好处显而易见，对于流程的维护人员而言，这是一个化繁为简的好设计，前提是在服务的维护和流程的维护之间有着良好的管理规范和清晰的责任义务。例如，负责软件系统维护的IT技术人员主要保证系统的运行环境良好顺畅，而负责对法律法规进行解释和建模的知识工程师主要负责Web服务当中的业务逻辑的维护和更新，双方各司其职是确保该流程顺畅运行的前提。此外，该方案的响应速度也不会比方案二低，因为调用Web服务的数量较少。但如果要说该方案的缺点的话，首先是可重用性的问题。粗粒度的Web服务的可重用性往往不如细粒度的Web服务。从整个IT环境上讲，一般情况下，需要同时使用年龄和收入信息（GetProfile）功能的场合往往会比单独需要年龄（GetAge）或者收入（GetIncome）的场合要少。此外，单个粗粒度的服务在维护和更改上也要比单个细粒度的服务要麻烦一些。

纵观以上的3个方案，设计者在对粒度控制上的考虑会在很大程度上影响到流程设计本身。我们在每个方案当中分别讨论了它们的优缺点，并主要集中在重用性、响应时间和可维护性上。表3-3将这3个方案在以上几个考虑因素上的表现进行了比较。

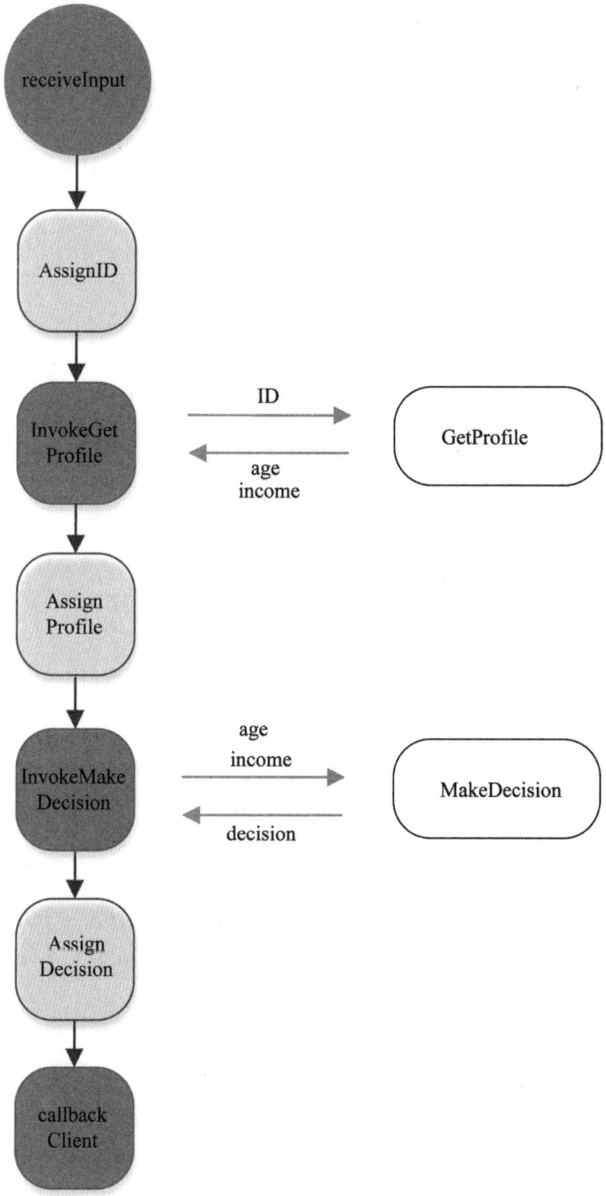

图 3-9　方案三的 BPEL 模型示意图

表 3-3 三个方案之间的比较

考虑因素	方案一	方案二	方案三
模块的可重用性	低	高	中
流程的响应时间	高	中	高
流程的可维护性	低	中	高
业务逻辑的可维护性	低	中	高

本节着重探讨结构复杂度对架构设计的影响。虽然选取了非常简单的业务流程设计的例子以便讨论，但其中关于关注点分离和模块化的设计思想以及设计者对粒度的控制所带来的影响，在更复杂的业务流程管理中依然适用。

3.3 控制过程复杂度

在上一节对结构复杂度的讨论中，细心的读者也许会发现，实现同一个功能的系统，在其内部构造不同的情况下，实现的流程形式可以多种多样。这本身便是过程复杂度的一种表现。过程复杂度描述的是系统从一个状态到另外一个状态的过程在多大程度上能够被分析、理解和解释。对于业务流程的运行而言，这种时间状态上的变化通常意味着业务流程从一个步骤进入到另外一个步骤的状态变化。为了帮助我们去理解和控制这种状态的变化，本节主要介绍协调理论和模式的概念。

3.3.1 协调理论

协调理论是 Malone 提出的一种关于管理一组需要协同的活动以及处理活动之间相互关系的理论①。该理论认为共同的目标、实

① Malone T W. Modeling Coordination in Organizations and Markets [J]. Management Science, 1987, 33 (10): 1317-1332.

现目标需要完成的活动、活动的参与者以及活动之间的相互关系等都是协调过程中的元素。

协调理论强调协调问题产生的本质在于依赖关系。协调理论认为任务之间存在着流动（flow）、共享（sharing）和匹配（fit）3种基本依赖关系①。这三种类型的依赖关系由与多个活动涉及的同一资源所引起，如图3-10所示。流动依赖关系指的是当前一种活动的产出为后一种活动提供输入时形成的纵向活动之间的依赖关系。流动依赖发生在当一个活动产生一个资源被用于另外一个活动的时候，这是最为常见的依赖关系，几乎存在于所有的流程当中，同时也直观地反映在各种流程图的表达里面，如各种BPMN或BPEL模型中。共享依赖关系发生在多个活动使用同一个资源的情况下。例如，两项工作需要同一个人来完成的时候，或者两个加工任务需要用到同一台机器的时候，或者两个预算项目都希望使用同一笔资金的时候。虽然这种活动间的依赖关系通常不直观地表现在流程图中，但实际上分配共享资源毫无疑问是许多管理活动中的关键工作。匹配依赖关系发生在当多个活动共同产生一个单独的资源时。例如，当多个不同的工程师分别设计一款汽车的不同部件的时候，他们之间的工作是为了最终设计出一个可以装配在一起的汽车，从而存在着依赖关系。

虽然实际工作中所遇到的依赖关系不会如此简单，但是复杂的依赖关系通常可以看做这些基本的依赖关系的特殊化或者由它们之间的组合所产生②。同样的道理，解决某个工作中所遇到的复杂依

---

① Crowston K. Towards a Coordination Cookbook：Recipes far Multi-Agent Action［D］. MA：MIT Sloan School of Management，Cambridge，1991.

② Malone T W，Crowston K，Lee J，et al. Tools for Inventing Organizations：Toward a Handbook of Organizational Processes［J］. Management Science，1999，45（3）：425-443.

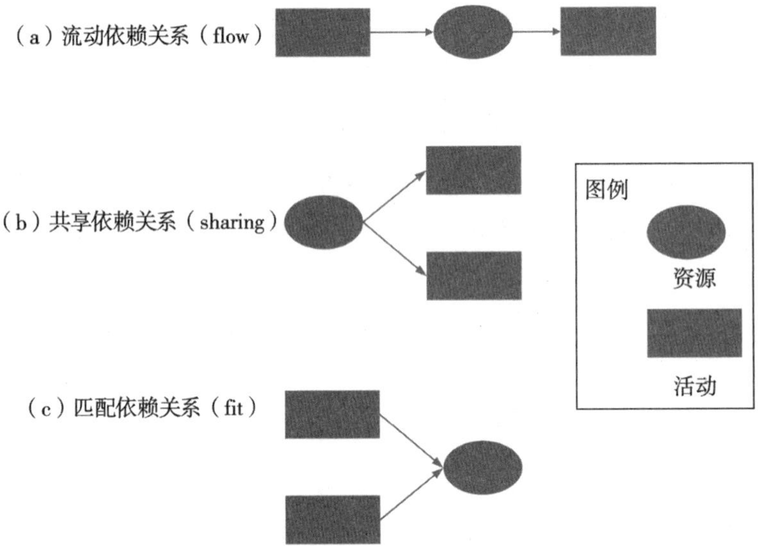

图 3-10　活动间的基本依赖关系模式①

赖关系问题的方法也可以通过对解决某类简单依赖关系的方案组合而成。例如，在多人之间进行多任务分配可以被看做是一个由多个共享依赖关系组合的复杂情况。而流动依赖关系则可以根据实际情况的不同形成三个特殊化的情况：①前提条件约束（prerequisite constraints），如材料必须齐全才能开始加工；②可获得性约束（accessibility constraints），如货车必须回厂才能发运该货物；③可用性约束（usability constraints），如一个产品必须达到质量合格标准才能出厂。以上依赖关系所产生的问题在各自所处的行业或者领域都有比较普遍适用的解决办法。例如在制造业，协调前提条件约束问题可以采用精益管理方法当中的及时生产（just in time，JIT），用以减少生产准备或前后工序间的等待时间。

---

① Malone T W, Crowston K, Lee J, et al. Tools for Inventing Organizations: Toward a Handbook of Organizational Processes [J]. Management Science, 1999, 45 (3): 425-443.

我们在第1章讨论业务流程柔性的定义时，提出了流程柔性的本质是在变更的过程中对业务活动进行协调的观点①。其协调的主旨在于进行必要变更的同时限制变更对其他部分的影响，在业务流程管理中这种行为属于协调理论的应用范畴 。

业务流程是由需要协同工作的若干活动所构成的，而协调理论所关注的正是如何管理协同工作中的各个活动之间的相关性。根据协调理论，组织中的各个角色必须解决由于各个工作任务之间的相关性所带来的限制问题。协调理论主张通过分析不同类型的相关性特征，并寻找可以管理这些类型的相关性的协调过程来解决这样的问题②。这些相关性的类型以及可以用来管理它们的协调机制具有通用性，也就是说在不同的组织当中，同一种相关性可以用同一种协调机制来进行管理③。分析相关性的类型是深入分析和解决业务流程柔性问题的出发点④。根据协调理论的观点，流程中各个业务活动的相关性可以通过这些活动的公用对象来进行分析，而公用对象对与之相关的业务活动该如何执行进行了约束。参照对柔性定义的普遍认识，在某个约束关系中所允许的变更可以视为业务流程柔性的现象；而变更的过程，也就是变更中的协调机制可以视为业务流程柔性的能力本质。由于约束关系与协调机制是普适对应的，因此约束关系可以被用来对流程柔性进行分析。在业务流程管理的研究中，协调和管理业务活动相关性的机制已经被总结成一系列流程模式（pattern）。据此，我们有理由相信，通过对协调理论中相关

① Schonenberg H, Mans R, Russell N, et al. Process Flexibility: A Survey of Contemporary Approaches [M] //Dietz J L G, Albani A, Barjis J. Advances in Enterprise Engineering I. Heidelberg: Springer, 2008: 16-30.

② [92] Malone T W, Crowston K. The Interdisciplinary Study of Coordination [J]. ACM Computing Surveys, 1994, 26 (1): 87-119.

③ Crowston K, Rubleske J, Howison J. Coordination Theory: A Ten-Year Retrospective [M] //Zhang P, Galletta D. Human-Computer Interaction and Management Information Systems: Foundations. New York: M. E. Sharpe, 2006: 120-140.

④ Soffer P. On the Notion of Flexibility in Business Processes [C]. CAiSE'05 Workshop, 2005: 35-42.

性的总结和分析，可以找到实现业务流程柔性的基本方法。

最后，业务流程的设计者需要有一套经验或者类似于此的工具来帮助他构造出这样的一个可以预测的流程实现效果。经验的最大优点在于，它是被先前的实践证明了可行与否的方案。经验帮助我们减少不确定性，同时也是控制过程复杂度的一剂良药。经验可以帮助我们预测如果这样做会带来什么样的结果，这种过程与结果的关系往往具有一定的规律性。在被许多实践者证实和验证之后，这些经验被总结起来。这些经验总结具备了一定的可行性，也许还未能如同定理一样准确，却能对设计者起到很好的帮助和启发作用，这种经验的总结被称为模式。模式的本质是从不断重复出现的现象中发现并抽象出来的规律，是解决同类问题经验的高度归纳和总结。

3.3.2 模式的概念

许多学者和软件工程师将我们之前介绍的设计大师克里斯托弗·亚历山大奉为设计模式的开山鼻祖。亚历山大作为一名建筑师，以其设计理论和丰富的建筑设计作品而闻名于世。他在其著作《建筑模式语言》(*A Pattern Language*：*Towns*，*Buildings*，*Construction*)①和《建筑的永恒之道》(*The Timeless Way of Building*)②中提出了模式的概念。其中《建筑模式语言》提供了 253 个描述城镇、邻里、住宅、花园、房间及西部构造的模式。建筑模式语言的想法来自于对许多中世纪城镇的观察，这些城镇展现出迷人的魅力与和谐的氛围。亚历山大认为产生这种现象是因为当地的建筑都是按照一系列具有明显特征的规则修建的，而不需要建筑师的专门设计。所谓建筑的模式就是用语言来描述与活动一致的场所形态，如商业区和工业带等。本质上它们是从大量的建筑和规划实践中精心提炼出来的

---

① Alexander C，Ishikawa S，Silverstein M，et al. A Pattern Language：Towns，Buildings，Construction[M]. New York：Oxford University Press，1977.

② Alexander C. The Timeless Way of Building[M]. New York：Oxford University Press，1979.

经验。

模式广泛地存在于我们的生活当中。例如我们日常见到的自行车就可以按照功能特点分为城市自行车、越野自行车和公路赛车。其中任意一种模式的自行车都有共同而突出的特点，特别是在自行车轮胎的规格和车把的形状上尤为明显。按照这样的逻辑，读者可以根据自己的经验发现许多模式的存在，比如小汽车中的轿车与SUV、家具中的中式古典木质家具与西式木质家具、我国的各种少数民族服装风格，等等。

在信息系统领域，模式的思想同样广泛地使用在以下的工作当中，例如：

- 软件开发。例如非常著名的《设计模式：可复用面向对象软件的基础》（*Design Patterns: Elements of Reusable Object-Oriented Software*）① 一书精心选取了最具价值的设计实践，加以分类整理和命名，并用简洁而易于重用的形式表达出面向对象设计模式。

- 企业应用的层次结构。比如我们常见的客户端/服务端（client/server，CS）模式，或者多层（multi-tier）模式。如需更加系统地介绍该方面的著作，读者们可以参考《企业应用架构模式》（*Patterns of Enterprise Application Architecture*）②。该书将40多种经常出现的解决方案转化成模式，并配以详细的Java代码或C#代码示例。

对于业务流程管理而言，同样有许多流程的模式被总结出来。业务流程的模式也可被称为业务流程的设计模式，它们是可重用的业务流程设计方案，并且这些模式与具体的流程实现技术无关，也与实现这些业务流程的组织和工作环境无关。

---

① Gamma E, Helm R, Johnson R, et al. Design Patterns: Elements of Reusable Object-Oriented Software [M]. Boston, MA: Addison Wesley Professional, 1994.

② Fowler M. Patterns of Enterprise Application Architecture [M]. Boston, MA: Addison-Wesley Professional, 2002.

3.3.3 流程模式

作为经验的总结和积累，大量的流程模式被提出和探讨，也有学者和专家对各种流程模式进行归类整理以便推广和学习，其中最广为人知的是 Van der Aalst 等人对流程模式的总结①，许多工作成果可以从他们创办的 Workflow Patterns Initiative 官方网站②上获取。1999 年至今他们总结和整理出六大门类共计 172 种，如表 3-4 所示：

表 3-4　**流程模式类型和各自的模式数量**

类型名称	所包含的模式数量
控制流模式	43
资源模式	43
数据模式	40
异常处理模式	15
表达模式	20（12 种抽象语法+8 种具体语法）
事件日志缺陷模式	11
共计	172

注：由 Workflow Patterns Initiative 归纳。

这些分类总结的流程模式为处理在业务流程管理生命周期中出

① Van der Aalst 等人在对这些模式进行命名的时候使用的是“工作流模式”（workflow pattern）。这除了跟他们的信息技术和计算机科学的研究背景和长期使用的命名习惯有关之外，也说明了这些模式通常使用在（软件）技术环境下，即工作流以及其他与流程相关的信息技术的设计和实现当中。关于工作流与业务流程之间的联系与区别我们在第 1 章讨论过，业务流程管理可以采取技术视角，也可以从组织和管理等非技术视角来改进业务流程，而工作流侧重技术视角。Van der Aalst 等人在介绍他们总结的模式时并未强调这一区别，也同时使用“业务流程”和“工作流”这两个词汇。本书遵循这种处理方式，并将这些模式统称为“流程模式”。

② http：//www. workflowpatterns. com/。

现的各种问题提供了多样化的参考。由于篇幅限制，本书不予详细展开，而且其中几个类型有特殊的针对性。例如，数据视角关注信息传递和变量作用域等，异常处理模式关注不同的异常起因和异常发生时不同的处理策略，表达模式主要关注业务流程建模语言的表达能力，而事件日志缺陷模式主要是为进行流程挖掘的工作和研究服务的，主要作用是帮助解决日志数据清理的问题①。这些类型与我们所关注的业务流程柔性问题关联度较弱。相比较而言，其中的控制流模式和资源模式对于解决业务流程柔性的问题作用更明显一些。

控制流模式中的基础控制流模式，同时也是业务流程模式中最基本的和最常见的情况，包含 5 种形式，使用 BPMN 作为描述语言表达如下：

①顺序（sequence）：同一个流程中，任务按顺序逐个执行，即一个任务执行完后再执行下一个，如图 3-11 所示。

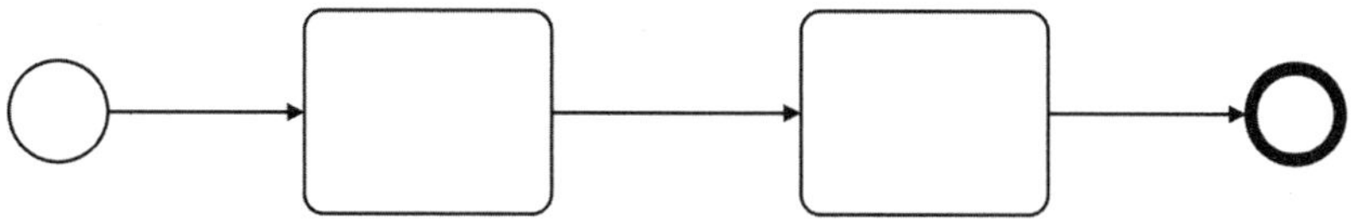

图 3-11　顺序流程模式

②并行拆分（parallel split）：一个流程拆分成两个或两个以上子流程并行执行，如图 3-12 所示。

③同步（synchronization）：两个以上分支流程合并成一个，在汇聚点等待所有分支流程执行完成后才能执行下一个任务，如图 3-13 所示。

④互斥选择（exclusive choice）：只能从可供选择的分支中选择一个，如图 3-14 所示。

① Suriadi S, Andrews R, Ter Hofstede A H M, et al. Event Log Imperfection Patterns for Process Mining: Towards a Systematic Approach to Cleaning Event Logs [J]. Information Systems, 2017, 64 (1): 132-150.

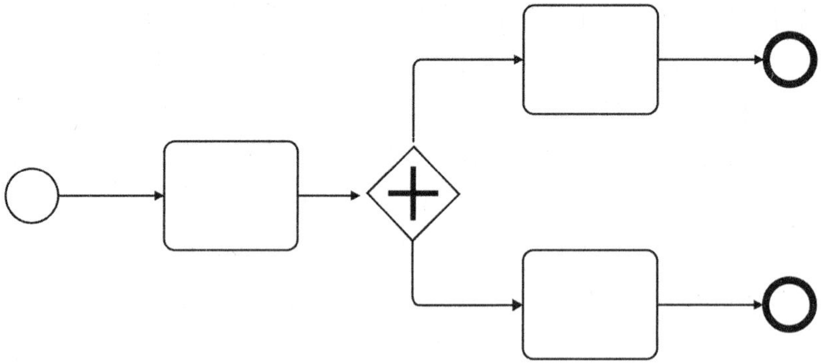

图 3-12　并行拆分流程模式

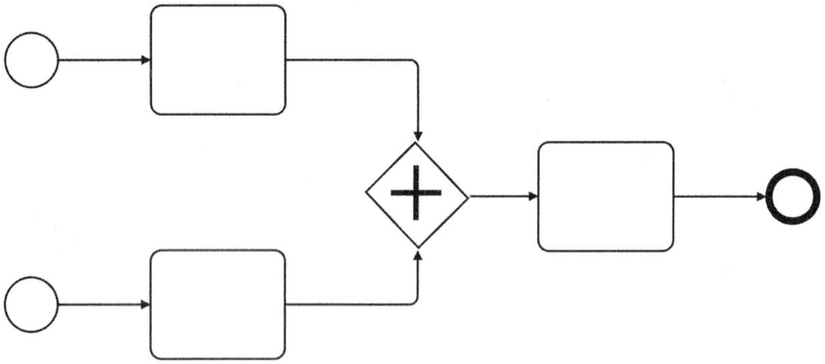

图 3-13　同步流程模式

⑤简单合并（simple merge）：合并两个或以上的可选路径，任一路径完成任务达到汇聚点时都能触发下一个任务，如图 3-15 所示。

细心的读者可以发现，这几种基本的流程模式与协调理论中的基本类型在形式上非常相似。实际上在控制流模式类型下共有 43 种流程模式，可以看成业务流程管理领域对流程控制和协调的特殊化处理方法。我们将在第 5 章的实验当中运用这些模式，因此在本章稍做简单介绍。

除了控制流模式外，资源模式也契合协调理论对依赖关系处理

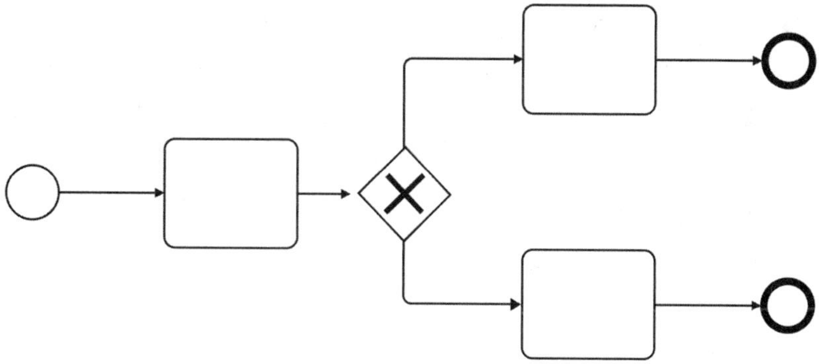

图 3-14 互斥选择流程模式

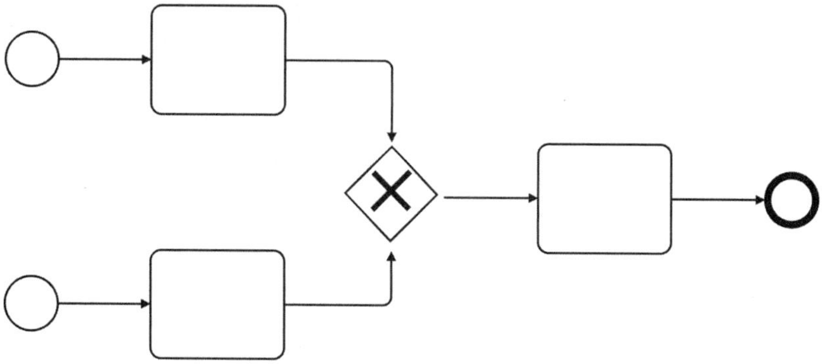

图 3-15 简单合并流程模式

的出发点。正如前面讨论时提到的那样，多数业务流程的形式化表达难以对资源分配等问题进行描述，因此我们在这里无法使用BPMN或者其他基于图的流程建模语言对其进行描述。这种情况下，基于规则的表达方式更容易理解。下面挑选基于能力的分配模式作为例子进行简单介绍。

在基于能力的分配模式下，工作任务上的资源分配主要基于该资源所拥有的特殊能力。在该环境下，个体资源所拥有的能力应当在其相应的模型中进行记录，记录的内容应当包含个体的特征（如评级、过去的工作等），它们完成特定任务的能力（如许可证、资格证等）。与此同时，要求在对任务进行定义时涉及对这些能力的具体要求或者提供可以接受的取值范围。流程中的每一个任务都可以设定相关的能力要求。图 3-16 以示例的形式描述在基于能力的分配模式下，根据资源的能力和工作任务的属性对工作任务和资源进行匹配的过程。其中属性的取值和能力要求的条件是以简单的逻辑符号表示。在第 6 章的实验当中，我们将具体地应用该模式来构造解决实际问题的方案。

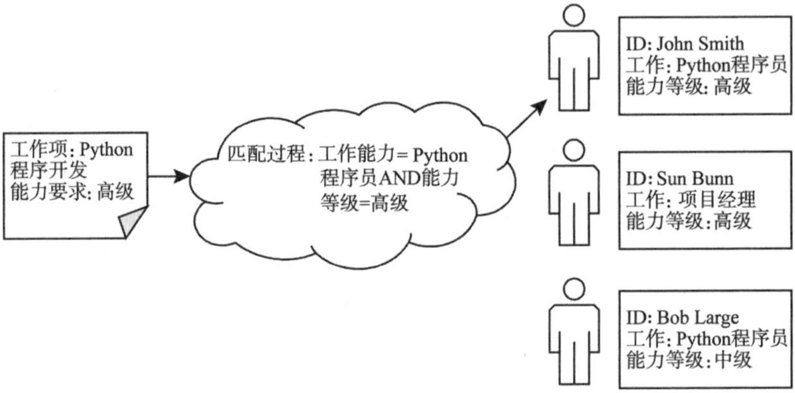

图 3-16　基于能力的分配模式示例图

3.4　复杂度与流程柔性

本章讨论了控制复杂度的设计思想，包括对结构复杂度的控制和对过程复杂度的控制。在控制结构复杂度的时候，对粒度的控制在控制结构复杂度时起到了很大的作用。从单体系统到 SOA 系统就是粒度不断变小的趋势的最好证明。可以说更细粒度封装的组件使得变更更加容易和可行，因为封装的特性使得该组件与其他组件在内容上互不影响，这看似与我们在第 1 章所讨论的柔性的定义一致。但是是否粒度越细，柔性就越高呢？我们当然希望获得充分的柔性以应对各种变化，但与此同时我们也需要知道实现柔性或者说采用更细的粒度所带来的成本甚至代价。这是业务流程管理者在进行设计的时候需要考虑清楚的重要决策之一。

回忆我们在 3.2.3 中讨论的 3 个流程设计方案中的方案二和方案三。这可以作为粒度的选择对柔性的影响的例子来讨论。其中方案二全部使用细粒度的 Web 服务，而方案三则全部使用粗粒度的 Web 服务。现在我们要判断的是这两种方案中，谁的柔性更高。既然柔性的定义涉及应对变化的能力，那么我们就来看看这两个方案在面对同样的变更需求时是如何实现变更的。为了完成这样的实验，我们还需要设定几个变更的情景（scenarios）：

- S1：移民法规对各项收入要求进行调整和变更。这其实是最容易发生的变更情况。实际上，该法规对收入的要求是每 6 个月（每年的 1 月 1 日和 7 月 1 日）进行一次调整，调整的依据是财务部根据当前荷兰国内的通货膨胀率提出的调整数据。虽然每次调整并不大，但是作为一项法律法规，行政单位是必须严格遵守并按指定的时效开始执行。

- S2：调整对年龄的要求。这项变更在实际中至目前为止还未发生过。可以说以 30 岁作为界限的设定是相当稳定的一个条件。但是如果要调整的话，还是能有好几种可能，包括改变 30 岁的这个分水岭，变成比如 35 岁（S2a）；或者增加一项年龄的档次，另设一个对 50 岁以上申请人的要求（S2b）；也或者是减少申请条件，取消对不同年龄的区别对待（S2c）。

- S3：增加新的额外条款。这种情况可以有许多种可能。在实际的法规变更中，出现了两次这种变更。一次是在原有逻辑的基础上，添加了一条规定：对在荷兰正规高等院校毕业一年之内的外国学生的收入要求降至 25000 欧元每年。此举是为了留住受过高等教育的国际化人才在荷工作。后来又在此基础上扩大了受众群体，让所有在荷兰正规高校毕业的博士，以及来自全球排名前 150 名高校毕业的硕士和博士都可以享受以上的条款。

有了以上的变更情景之后，要比较方案二和方案三在柔性上的高低，实际上就是比较它们在以上情景当中是如何实现变更的。我们不将方案一纳入这个比较当中是因为作为一个单体系统，以上任何一个情景的变更都是对整体的影响。

首先我们来看S1情景。S1属于非结构性的调整，即无论哪个方案都不需要调整它们的流程结构。在单个修改任务上细粒度的服务会有微弱的优势，因为Web服务内部的结构更加简单。然而，方案二要修改两个细粒度的Web服务，而方案三只需要修改一个粗粒度的Web服务。所以在此情景中，这两个方案在变更上的工作量相当，任何一方都没有较对方明显的优势。

接下来我们继续比较在S2情景下的情况。其中S2a对于方案二和方案三而言也是非结构性的调整。在方案二中，我们只需要把流程判断条件中的30改为35即可。在方案三中，也是对MakeDecision服务中的条件做一次修改。两个方案中的修改任务都只有一次，工作量相差无几。但是在S2b和S2c的情况下，对于方案二而言就不再是非结构性的调整了。在S2b中，方案二需要在30岁以上的路径下再分列两条路径，以处理大于等于30岁且小于50岁的情况和大于50岁的情况。与此同时还需要单独为这两种情况开发专门的Web服务。最后流程的总路径会上升至3条，分别是：小于30岁、大于等于30岁且小于50岁、大于50岁。在S2c的情况下，整个方案二需要推倒重建，因为原先基于年龄的判断已经不在了。对于方案三而言，在S2b和S2c的情况下处理起来都要容易不少。在S2b的情况下，只需要在MakeDecision服务中添加一段判断语句。在S2c的情况下，整个MakeDecision服务需要改写，但是流程本身只需要修改调用的环节InvokeMakeDecision。至于GetProfile服务，如果不做修改其实问题不大，只是会产生一个无用的变量age。

最后我们再来看看S3的情况。该情景要实现起来会复杂很多。在方案二中，如果想尽量保持原有的流程不做变动，那么就需要在流程的最开始处（即receiveInput之后）判断申请人是否为应届毕业生；如果不是则继续进行现有的流程，否则就要进入新建的流程进行处理。这里涉及如何判断一个申请人是否为应届毕业生，这很可能需要新建一个Web服务来完成这项功能，然后还要根据相应的业务逻辑开发另外一个包含根据收入情况进行判断的Web服务。更改之后整个流程会与之前有很大的不同。在开发新流程的过程中，GetIncome 服务可以得到重用，这个是细粒度服务在重用性上的优势所在。但是在进行流程开发和部署上，方案二还需要做许多工作，包括开发新的 Web 服务，重新部署新建的流程等。对于方案三而言，这样的更改同样不轻松。但较之方案二，方案三有一个优势在于，即使在这样巨大的改动下，方案三的流程部分依然可以保持不变。其更改的结果可能会产生一个较为臃肿的 MakeDecision 服务。在这种情况下，MakeDecision 服务内部的结构会变得比较复杂，这已经不是能够靠单纯地增加几行“IF… THEN…”的判断语句可以实现的。在这个 Web 服务的内部，不得不包含新的流程。由于 Web 服务只是一种封装的技术手段，服务的内容无特别的限制，它既可以是基于软件的服务（SBS），也可以是人工提供的服务（HPS），或者两者混合在一起。一个业务流程自然也可以封装在一个服务当中，而这个业务流程本身也可以调用其他 Web 服务。整个方案三改造的过程实际上就是在一个简单的流程之外构建了一个复杂的服务以完成相应的功能，为了实现这个复杂的服务又往里面添加的新的流程。

综合以上三种情景下方案二和方案三的更改情况来看，方案二只能在细微的更改下保持全局的姿态不变，而方案三不管在何种变更发生的情况下，其基本形态均不受影响。从柔性的定义，即在处理的过程中只改变或调整系统中受这些变更所影响的活动，同时保持不受影响的活动的本质形态①来看，方案三的柔性会更高。

与此同时，通过对方案二和方案三的比较我们还可以发现，复杂度可以在结构复杂度和过程复杂度之间出现转移的现象。如果我们想保持 Web 服务内部的结构简单功能单一，在应对复杂的变更情景时就需要构建相对复杂的流程，以便使用这些简单的 Web 服务，这是方案二的特点。如果我们想要保持流程的简单纯粹和不受变更的影响，那么我们就不得不增加 Web 服务内部结构的复杂度，

---

① Schonenberg H, Mans R, Russell N, et al. Process Flexibility: A Survey of Contemporary Approaches [M] //Dietz J L G, Albani A, Barjis J. Advances in Enterprise Engineering I. Heidelberg: Springer, 2008: 16-30.

这是方案三的特点。以上的讨论也可以再次反映本章在第一节所阐述的观点：一个系统的复杂度是其与生俱来的特性，不管如何进行简化，复杂度不会凭空消失，只会从一种形式转移成另外一种形式。

明白结构复杂度和过程复杂度之间的相互转化关系，对于业务流程的设计而言，具有重要的指导意义。因为系统的分解和划分是一件人为的事情，而我们在处理各种复杂系统的时候习惯性地采用各种分解手段来控制结构复杂度。在许多IT工作中，工程师们也无可厚非地希望各个组件具有更高的可重用性。但是从业务流程柔性的角度考虑，他们必须知道各种方案的利弊，以选择合适的粒度去平衡结构复杂度和过程复杂度。而且从系统柔性的角度出发，良好的柔性表现往往预示着一个恰到好处的平衡点：过粗的粒度无法带来足够的柔性（例如方案一），过细的粒度造成过高的过程复杂度又会降低系统的柔性（例如方案二）。

4　业务流程众包

众包（crowdsourcing）模式指的是一个公司或机构把过去由特定员工执行的工作任务，以公开征集的形式外包给非特定大众的做法。随着互联网的发展，通过网络将分散的人力招揽在一起的手段，使得解决问题或者实现创新变得更加容易，这使越来越多的企业将原先在其内部完成的业务流程通过众包的模式分包出去。在众包的模式下，企业可以获得灵活配置的人力资源，尤其是某些自身缺乏的智力资源。从业务流程管理的角度来看，应用众包模式获取灵活配置的智力资源可以使企业的业务流程更加灵活，更具柔性。本章针对这一现象，介绍众包模式和流程众包的基本概念及其与业务流程柔性的关系，从而为后面章节的实验设计奠定基础。

4.1　众包的起源

众包的英文词 crowdsourcing 是由 crowd 和 outsourcing 两个单词组合而成，其字面的意思可以简单理解成面向大众的外包。在业务流程管理领域，业务流程外包已经是一个上万亿美元规模的市场，而外包业务发展的驱动力主要来自企业对效率和柔性的需要。当前的流程外包商业模式倾向于将整体功能外包，比如整个人力资源管理或客户关系管理等。而在未来，众包在业务流程管理中的应用很可能会改变业务流程外包的模式：小流程或子流程的外包市场会变得越来越发达。随着社交网络技术的发展和劳动力全球化趋势的蔓延，众包的市场会在未来几年不断地发展壮大。随之而来的是，在其业务流程上采用众包模式的企业将获得更高的效率和流程柔性。

众包的概念最早是由 Jeff Howe 在《连线杂志》(*Wired Magazine*) 2006 年 6 月的一篇特辑文章《众包的兴起》(*The Rise of Crowdsourcing*) 中提出。按照 Howe 当时的观点，简单地说，众包是通过公开征集的方式将工作任务和需要解决的问题外包给非特定的(且通常是大型的) 民众网络[①]。有学者认为众包的现象可以追溯至 1714 年，大不列颠政府通过散布一份提案公开征集为航道确定准确经度坐标的办法[②]。现代的众包现象通常发生在互联网上，但是这并不是绝对的。比如著名影片《指环王：双塔奇兵》的导演 Peter Jackson 需要为电影中的半兽人军团配音的时候，他在新西兰惠灵顿的西太平洋球场集结了两万名板球迷并让他们呼喊、尖叫和咕哝并进行录音。由于这种线下的众包不太常见，在本章的讨论当中，我们主要关注网络众包的现象。随着现在互联网和移动技术的发展，尤其是在 2005 年以后，Web 2.0 技术的引入带来了社交媒体的广泛应用，通过网络将分散的大众招揽在一起以解决企业的问题或者实现其产品和服务的创新正在变得更加容易。因此越来越多的公司，不管是小型的初创公司还是财富 500 强的大企业，都在尝试使用众包来获取网络民众的知识和技能[③]。

在全球范围内，众包已经伴随着互联网悄无声息地渗透到许多网络事务中，有一些用户可能已经在不知不觉中参与到众包的任务

---

① Howe J. The Rise of Crowdsourcing [J]. Wired Magazine.：Condé Nast, 2006, 14 (6)：176-183.

② Afuah A, Tucci C L. Crowdsourcing as a Solution to Distant Search [J]. Academy of Management Review, 2012, 37 (3)：355-375.

③ Afuah A, Tucci C L. Crowdsourcing as a Solution to Distant Search [J]. Academy of Management Review, 2012, 37 (3)：355-375.

中来。比较典型的例子是 Google 通过 reCAPTCHA 项目①，要求用户输入图片中的文字以验证他们是真正的人类用户而非网络上的恶意程序；而实际上在这个过程中，互联网用户在一点一滴地以人工的方式录入那些无法通过光学字符识别（optical character recognition，OCR）技术识别出来的单词。这项工作最终使得诸如《纽约时报》的历史存档以及一些老旧的纸质版书籍可以数字化并收录到 Google Books 当中，其示例如图 4-1 所示。

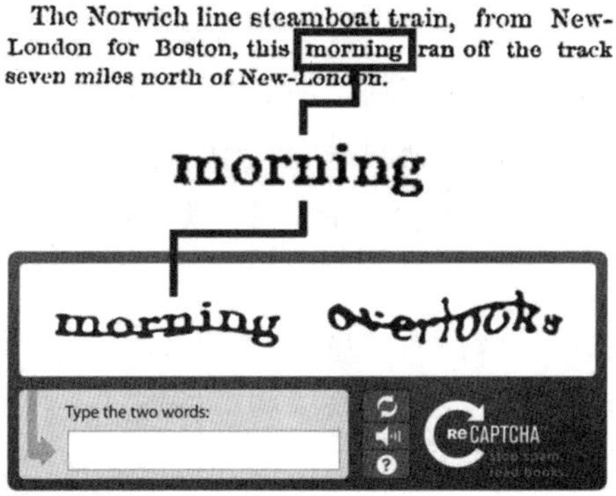

图 4-1　reCAPTCHA 系统向互联网用户显示扫描的文字②

在该例子中，单词“morning”无法通过 OCR 识别，reCAPTCHA 系统将该单词单独提取出来，随机地改变（扭曲）该单词的形状，包括添加一条贯穿整个单词横线使之看起来像是对用户识别能力的一次考验。由于计算机并不知道“morning”这个单词的确切答案，因此另外一个已知答案的单词“overlooks”也被要求用户输入以判断该用户是否能够正确地输入答案。

---

① Von Ahn L, Maurer B, Mcmillen C, et al. reCAPTCHA: Human-Based Character Recognition via Web Security Measures [J]. Science, 2008, 321 (5895): 1465-1468.

② Von Ahn L, Maurer B, Mcmillen C, et al. reCAPTCHA: Human-Based Character Recognition via Web Security Measures [J]. Science, 2008, 321 (5895): 1465-1468.

在国外，众包的例子在许多行业都能找到。比如宝洁公司的P&G Connect + Develop 网站提供了一个与消费者沟通的平台并收集客户所提供的创意。又比如在线艺术家社区网站 Threadless 通过众包的方式对 T 恤衫的设计进行投票，以选择最受大众欢迎的设计进行生产和销售。还有专门针对高科技研发的 InnoCentive 平台，该平台以现金激励为基础，通过联合全球众多科研院校和机构，促进全球性科学研究。在该平台上，相关公司登记为“寻求者”，寻求者在一个保密的互联网信息交流平台上张贴挑战，并充分利用各路科技人才的智慧，进而有机会增强自身的研究与开发潜力。世界各地的科学家都有资格在该网站注册为“解决者”。解决者可访问和评估挑战，并且通过安全网递交程序、递交解决方案。寻求者公司审阅递交的所有解决方案，并且只把奖金颁发给最符合的解决方案。

在我国，众包又被称为“威客”。虽然国内的知名实体企业对众包模式还比较保守，在创意获取和市场推广上利用众包模式并不常见，但是国内众包的兴起并不比国外缓慢。确切地说，国内提出“威客”这个概念比前文提到的 Howe 提出“众包”概念还要早一年。当时，威客被定义为“通过互联网把自己的智慧、知识、能力、经验转换成实际收益的人，他们在互联网上通过解决科学、技术、工作、生活、学习中的问题，从而让知识、智慧、经验、技能体现经济价值”①。与国外的众包应用相比，国内的多数威客网站更像是一个网络“集市”——将网民中闲散的劳动力和知识集中起来，以供有需要的企业或个人进行选择并采用。比如国内规模较大的“一品威客”网站上就包含了设计、开发、文案、装修、营销、商务和生活等多个门类，覆盖内容相当广泛。

此外，由于众包和威客的概念都有一定的模糊性，本章并不对两者进行严格的区分，而是把网络众包当成一种社会现象进行讨论。在下面的章节里面，我们将从众包的类型入手，展开对众包的

① 史新．“威客”模式在国内的发展现状及优化研究［J］．情报杂志，2009（1）：156-160.

讨论。

4.2 众包的类型

网络众包作为一种独特的商业模式，有着显著的分布式特征。在该模式下，任何公司和组织都可以借助网络大众丰富多样的知识和技能，寻求解决问题的方案以应对各种业务上的挑战。由于每个公司所处的行业各不相同，所面临的挑战和问题也各不相同，因此网络众包也存在着不同的类型。在众包的分类方法上众说纷纭，目前还没有比较一致的看法。由于本章着重讨论众包与业务流程柔性之间的关系，因此众包的分类方法不是本章重点讨论的内容。在本章对众包类型的讨论当中，作者以众包的作用作为讨论的立足点。换句话说，既然众包可以帮助企业解决其所面临的诸多挑战和问题，那么这些不同类型的需求也可以作为众包分类的依据。从这样一个立足点出发，有两个问题需要进行考虑，一个是企业需要从众包中获取什么内容，另外一个是这些内容是如何帮助企业解决它们所面临的问题的。

对于以上问题的答案，Prpić等学者①进行了如下推敲和解释。首先，企业从众包中获取的内容可以分为客观内容和主观内容。客观内容是为了获得公正、无偏见的结果，这种纯事实性的内容通常是客观存在的，而众包参与者的工作主要是帮助企业寻找并发现它们。典型的例子是之前提到的 reCAPTCHA 项目。主观内容则涉及个人的意见、选择、感知和信仰，当企业将多数人的意见和选择综合起来之后，就可以对网络大众的喜好做出一定的判断从而辅助企业决策。典型的例子是之前提到宝洁公司通过自己的 P&G Connect + Develop 网站向消费者征求新产品的创意。其次，企业从众包中所获取的内容需要进行处理才能产生价值。根据需要解决的问题的

① Prpić J, Shukla P P, Kietzmann J H, et al. How to Work a Crowd: Developing Crowd Capital through Crowdsourcing [J]. Business Horizons, 2015, 58 (1): 77-85.

不同，从众包中获取的内容通常需要进行过聚合或者过滤。在需要聚合的情况下，从众包中所获得的内容可以进行简单的综合统计，便可以得出有用的事实依据以便辅助企业进行决策。比如在对T恤衫设计进行投票的众包项目当中，Threadless 网站最想知道的内容是哪一种或哪几种设计是当前最受大众欢迎的，至于大家选择某一种设计的原因，在现阶段并不重要。而对于另一些问题，并不是所有来自众包的内容都会被采纳。比如在 InnoCentive 平台上提交的多数研究课题，只有通过所有筛选的最佳方案才会被采纳。

基于 Prpić等学者的分类方法，众包可以简单地分成四个类型，如图 4-2 所示。在任务分解这个类型当中，企业所面对的任务由于规模巨大或者耗时过多通常无法通过自身内部的标准化作业来完成。这样的任务包括整理大量的数据，或者对大量文本进行翻译，把大量的语音对话记录成文本，等等。将这样的任务进行分解并众包出去，可以在很大程度上缩短所耗费的时间和成本（幅度可达30%~40%），与此同时还能帮助分散在各地的闲散劳动力通过习得简单的技能而得以谋生①。将各个众包参与者所完成的内容进行聚合之后，一个庞大的任务便通过众包的方式得以完成。另外一个需要通过聚合方式进行处理的众包类型是大众投票。与任务分解中参与者基于自己的技能完成客观任务不同的是，大众投票中每位参与者的投票都带有自己的主观意愿和色彩，这类众包活动往往在一定程度上带有市场调查的功能。企业产品的关注者往往也是企业的客户，通过大量客户的投票能准确地反映出市场的趋势。比如达能公司就通过网络投票的方式让大量的消费者选出自己最喜欢的酸奶口味，然后再推出相应的产品②。这与 Threadless 网站对即将量产的T恤衫设计进行投票是异曲同工的做法。不同于以上两种类型，方案众包和创意众包是需要对通过众包所获得的内容进行过滤处理

① Gino F, Staats B R. The Microwork Solution: A New Approach to Outsourcing Can Support Economic Development-and Add to Your Bottom Line [J]. Harvard Business Review, 2012, 90 (12): 92-96.

② Gatautis R, Vitkauskaite E. Crowdsourcing Application in Marketing Activities [J]. Procedia-Social and Behavioral Sciences, 2013, 110: 1243-1250.

的。在创意众包中，企业并没有具体的亟待解决的问题，而是希望通过众包获取新产品的开发或者改进思路。与大众投票的最大不同之处在于，创意众包并没有预设选项，而是让大众提供建议。而方案众包则是由企业提供一个客观的亟待解决的问题，让接包方提出解决的方案并选取其中的最佳方案或者最佳的解决者进行实施。

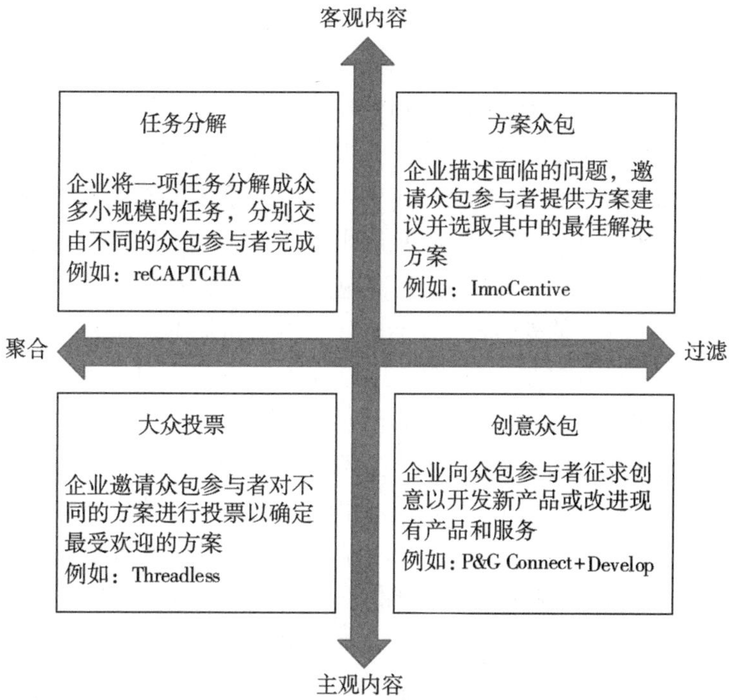

图 4-2　基于 Prpić等学者①的众包分类方法

正如之前提到的，目前对众包的分类尚无公认的方法。除了以上介绍的 Prpić等学者的分类方法之外，其他的分类方法还有很多。比如 Brabham 在其著作中提出的“知识发现与管理”“分布式人类

① Prpić J, Shukla P P, Kietzmann J H, et al. How to Work a Crowd: Developing Crowd Capital through Crowdsourcing [J]. Business Horizons, 2015, 58 (1): 77-85.

智力任务”“广播搜索”“新产品审查”四种类型①。又比如 crowdsourcing. org 提出的以众包任务内容为依据的七种类型的分类方法②，等等。本章重点介绍 Prpić等学者的分类方法是为了在接下来的章节中更好地讨论众包模式与流程柔性的关系。

4.3 流程众包的概念

在讨论业务流程众包之前，我们可以参考业务流程外包（business process outsourcing，BPO）的概念。BPO 在业界已经有多年的实践，例如目前有相当多的大公司将自己的电话客服中心（Call Center）外包给位于东欧或者印度的服务商以降低人力成本。传统的 BPO 倾向于将整个业务部门的职能外包出去，外包规模较大、合同时间较长，通常选定了外包商后不会轻易更改。从柔性的角度而言，这样的外包模式重点在于降低运营成本，而对其流程柔性的提高并没有放在一个显著的位置上。随着社交网络和云计算等信息技术快速发展，BPO 中的外包服务可以更细化，而对比以前签订长期外包合同的做法，外包的合作也更加灵活。在这样的背景下，将业务流程外包出去实际上可以理解成将业务流程当作某种可以调用的服务，而该服务可以由企业之外的机构或者人员提供。这样的业务流程实现方式也被称为“业务流程即服务”（business process as a service，BPaaS）。这个概念跟我们所认识的“软件即服务”（software as a service，SaaS）、“平台即服务”（platform as a service，PaaS）以及“基础设施即服务”（infrastructure as a service，IaaS）有着类似的寓意。就如同像通过云端调用所需的软件、平台或者计算的基础设施一样，BPaaS 的目的是为了实现灵活的可伸缩的流程实现方案。在这种模式下，对于服务的使用者而言，服务是

① Brabham D C. Crowdsourcing [M]. Cambridge, Massachusetts: MIT Press, 2013.

② Crowdsourcing Industry Taxonomy Definitions by Crowdsourcing. org [EB/OL]. http://www.crowdsourcing.org/editorial/crowdsourcing-industry-taxonomy-by-crowdsourcingorg-v2/2852.

由机器还是人工来完成的并不重要。而实际上，由于业务流程自动化技术，即各种通过建模的方式实现流程由计算机自动执行的技术已经广为应用，因此使用者除了使用云平台对可以实现自动化的流程进行建模和管理外，更大的挑战来自那些不能完全由计算机执行，而需要人工进行处理的流程。

亚马逊的 Mechanical Turk（MTurk）可以说是一个典型的将人的工作任务当成是计算机执行的任务进行管理的例子。MTurk 的理念认为，目前还有很多事情人工处理比计算机处理来得更有效，比如识别照片或者视频中的内容，删除意思重复的内容，抄录录音记录或者是研究数据的细节。这些工作以往是通过雇佣大量的临时工来完成，其往往耗时、昂贵并且在规模上难以控制。而 MTurk 提供一个 Web 服务应用程序接口（API），通过远程过程调用（RPC）将人的工作整合到一起。当任务的请求者提出一个具体的请求时，MTurk 就会将这一请求发送给执行任务的人，并由执行者对此做出应答，然后 MTurk 将回应传给请求者。对于这种将人工的任务以计算机处理的方式进行整合的工作，亚马逊称为“人工的人工智能”（artificial artificial intelligence）。MTurk 在 2005 年 11 月正式上线，虽然那时候还没有明确提出众包的概念，但是这样一种 BPO 的模式完全符合众包的概念和描述。

在前面的讨论中，我们分别介绍了众包的四种类型，以及众包对流程外包模式的影响和作用。然而并不是所有的类型都能为企业提高业务流程柔性做出明显贡献，其中“大众投票”和“创意众包”这两类面向获取主观意见的众包活动中并没有明显的生产过程。换句话说，在这两种类型的众包活动当中，不涉及企业与众包参与者共同生产某项产品或者服务的过程。与之相反的是，在面向客观内容的两种众包类型——“任务分解”和“方案众包”的活动当中，企业与众包参与者在产品或者服务的生产中处于合作者的关系：企业或者将某个任务分解成若干项目分别交由不同的参与者共同完成，或者将某个任务单独交给选定的参与者完成。这种在分工合作的过程当中便蕴含着提高业务流程柔性的可能。在这两种众包类型当中，企业可以把那些原先由内部执行的业务流程任务交由众包参与者来执行。通过这样的方式，企业的业务流程可以不受自身知识技能储备短板的限制，按照市场变化的需求进行更大程度的调整，从而实现更高的业务流程柔性。这种模式的实现离不开类似于 MTurk 这样的平台。在 BPaaS 的概念下，云化、数量化、定量化是众包模式实现的趋势①。在本节的内容里，我们将讨论在这样的趋势下，采用众包模式业务来实现业务流程柔性的技术基础。

Web 服务和 SOA（service-oriented architecture，面向服务的架构）是目前实现分布式系统的主流技术。通过使用 Web 服务，系统可以采用模块化的设计并对功能进行封装，然后通过统一的接口进行通信和调用。在 SOA 环境下，BPEL（business process execution language）是实现业务流程的典型技术。BPEL 通过组合、协调和编排已设定好的 Web 服务以实现相应的业务流程。然而，BPEL 的规范只针对由计算机所执行的 Web 服务，并没有相应的概念去支持并组合由人工完成的服务。BPEL4People② 和混合型面向服务的系统（mixed service-oriented systems）③ 的提出正是为了补充这点不足。在类似这样的系统里面，最基本的设想是如果那些由人工去完成的工作内容，可以像由计算机所执行的工作那样被很好地封装成不同的 Web 服务，那么这些服务就可以被需要它们的流程任务按需调用（如图 4-3 所示），业务流程的资源和步骤就可以灵活配置，从而实现更高的流程柔性。这其中有两个难点，一是对人工任务的建模和 Web 服务封装，二是人工任务服务的选取和调用。

将网络是每个参与者的工作看成是一种计算资源的观点，跟

---

① Surdak C. Data Crush：How the Information Tidal Wave is Driving New Business Opportunities ［M］. New York：Amacom，2014.

② Agrawal A，Amend M，Das M，et al. WS-BPEL Extension for People (BPEL4People)，Version 1.0 ［S］. 2007.

③ Schall D. A Human-Centric Runtime Framework for Mixed Service-Oriented Systems ［J］. Distributed and Parallel Databases，2011，29 (5)：333-360.

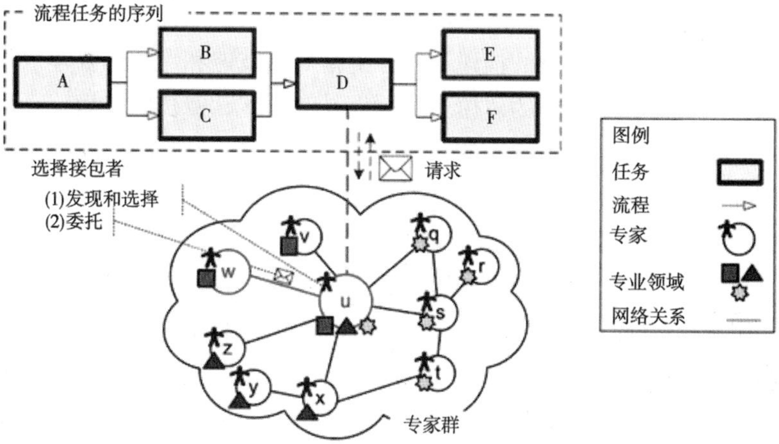

图 4-3　混合型面向服务的系统中的业务流程示意图①

Petrie 在 2010 年所提出的“涌现群体”（emergent collectives）的概念很相似，即把分布式网络中的每一个角色都看成一个节点和服务，节点的数目可以按照需要进行调整。跟随 SaaS 和 BPaaS 等概念的意图，Petrie 的观点有个更潮流的名字，叫做“人员即服务”（everyone as a service）②。然而，将网络上的某个用户描述成一个服务，跟我们将一段计算机程序封装成服务有着本质上的不同。由计算机执行的服务的功能是单一而稳定的，是由系统或者软件程序的设计所决定的。比如，假设我们将一段执行乘法运算的软件程序封装成一个 Web 服务，那么该服务的功能便是提供乘法运算的结果，并无其他，且输入输出的数据类型和范围也需要做出明确的说明。相比之下，一个人所提供的服务则很难做出非常清晰的描述。例如，某众包用户在众包平台上提供英语翻译服务，他的服务的功

① Schall D. A Human-Centric Runtime Framework for Mixed Service-Oriented Systems [J]. Distributed and Parallel Databases, 2011, 29 (5): 333-360.

② Petrie C. Plenty of Room Outside the Firm [J]. IEEE Internet Computing, 2010, 14 (1): 92-96.

能可能是英译中，或者中译英，此外他还能进行英文文稿校对。这样的服务其实是基于个人技能和专长的，对一个众包参与者所提供的服务的功能所进行的描述，实际上是对其技能和专长的描述。因此，对人工任务服务的建模，实际上是对技能和专长的建模。

典型的以流程为中心的SOA系统主要依赖于对Web服务的选取和组合。然而，将人工任务封装而成的Web服务并不像自动的Web服务那样简单和稳定。Web服务组合是一个对服务进行组织和控制的问题。机械地进行服务组合的控制方法对于由计算机执行的Web服务而言可以成立，但是却很难应用在涉及人工任务服务的情况下。目前在像MTurk这样的众包平台上面，什么样的任务符合哪些参与者的兴趣和偏好，或者哪些参与者拥有某个任务所要求的知识和技能这样的判断，基本上都是由众包的参与者或者任务的提供者以人工的方式完成的，而平台本身顶多对候选对象提供诸如关键字搜索或者按照某个指标进行简单的排序等基本功能。虽然在备选对象数量不多的情况下，人工选择不会有多大的困难，但是随着众包经济的发展，越来越多的企业和个人参与到众包的活动中来，在候选对象数量越来越多的情况下，信息过载便会使这种人工选择和判断的方式效率变得越来越低。众包网络拥有社交网络的特征，不同用户会带有不同的兴趣点，甚至是在一项任务工作中拥有不同级别的权限。因此，我们不仅仅要理解如何将人工完成的服务进行建模和封装，还要理解参与者与参与者之间是如何联系的，以及信息是如何受分工结构所影响的。当建立一个基于人工任务的Web应用时，一方面，我们必须考虑可以鼓励参与者积极完成任务的激励机制①；另一方面，我们必须对参与者的专长和技能进行判别，以便选取合适的参与者②。换句话说，就是一个任务与参与者相匹配的机制。

---

① Siorpaes K, Simperl E. Human Intelligence in the Process of Semantic Content Creation [J]. World Wide Web, 2010, 13 (1): 33-59.

② Schall D, Skopik F, Dustdar S. Expert Discovery and Interactions in Mixed Service-Oriented Systems [J]. IEEE Transactions on Services Computing, 2012, 5 (2): 233-245.

目前，学术界对这样一种匹配机制的研究主要有两个方向：一个是向众包的参与者推荐任务；另一个方向是向任务的提供者推荐合适的参与者。这两种机制的出发点正好是相对应的：前者站在众包参与者的立场，力图推荐最合适的任务交由参与者执行；而后者站在企业的立场，帮助众包任务的提供者选择最合适的人选去完成任务。由于这两种情况都是“一对多”的选择，因此它们也主要应用于不同的众包模式：前者更适合在“任务分解”模式下使用，而后者更适合在“方案众包”中使用。后面两章将就这两个方向的研究和实验分别进行介绍。

此外，由于众包模式和分类繁多，不同的学者和网络社区对众包中的不同角色往往使用不同的称呼，为了方便后文的讨论，我们针对网络众包当中的“任务分解”和“方案众包”两种类型，将众包的参与主体分为三个角色，即发包方（任务发布者）、众包平台和接包方（任务接收者或者说众包任务的参与者），它们的关系如图4-4所示。

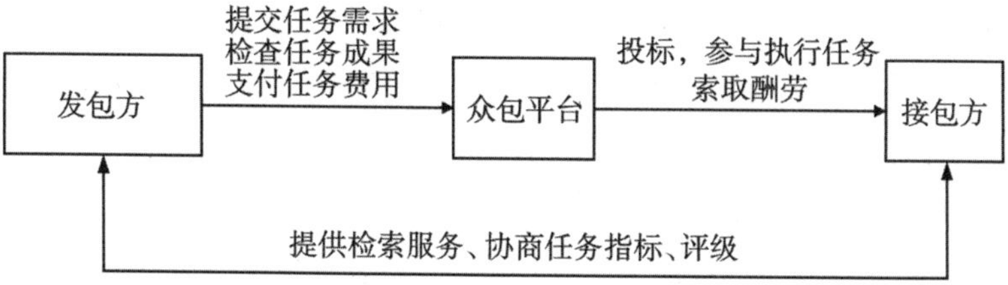

图4-4　众包的三个参与主体及之间的关系①

发包方通常是企业或者拥有工作任务需要解决的个体，通过众包平台向网络大众公开其待解决的任务和问题，并综合考虑时间、成本和方案质量等因素，从众多接包方提供的解决方案中选择最满意的方案，或者从众多投标的接包方中选择最满意的投标者。众包

① Shi Y, Eberhart R C. Fuzzy Adaptive Particle Swarm Optimization [C]. Proceedings of the 2001 Congress on Evolutionary Computation, 2001: 101-106.

平台是指一个特定的网络平台，是众包信息的集结地，同时服务于发包和接包双方。发包方通过众包中介向网络大众公开需求信息，同时，接包方通过平台了解市场需求，把握参与任务的机会。可以说众包中介平台是众包得以快速发展的不可或缺的桥梁。接包方是构成网络大众的一部分个体或团队，这些个体或团队的特点是具备胜任发包方所发布任务的能力和素质，可以是专业人士，也可以是任何可以提供问题解决方案的业余爱好者。

4.4 知识密集型众包

现代服务业是全球产业竞争的战略制高点，我国也明确提出要“开展加快发展现代服务业行动”①。现代服务业是指在工业化比较发达的阶段产生的，主要依托信息技术和现代管理理念发展起来的知识密集型服务业②。在 1990 年之后，互联网技术的更新和普及，以知识密集型为特征、以生产知识为核心的知识密集型服务快速发展，成为知识经济时代实现经济增长的重要支撑。Miles 等人认为：知识密集型服务业（knowledge-intensive business services，KIBS）是指那些显著依赖特定领域的专业性知识，向社会和客户提供以知识为基础的中间产品或服务的公司和组织③。

知识密集型服务作为一种新兴服务，具有任职员工专业水平高、问题解决手段高科技化、受众顾客知识水平高、服务产出高附

① 包北方，杨育，李斐，等．产品定制协同开发任务分解模型［J］．计算机集成制造系统，2014，20（7）：1537-1545.

② 吴朝晖，吴启迪，李平，等．自然科学与社会科学交叉视角下的服务科学研究与发展［J］．中国科学基金，2016（6）：527-534.

③ Miles I，Kastrinos N，Flanagan K，et al. Knowledge-Intensive Business Services：Users，Carriers and Sources of Innovation（A Report to DG13 SPRINT-European Innovation Monitoring System）［R］. PREST & TNO Policy Research，1995.

加值化以及服务过程高频互动性等特征①②：

①员工专业化。员工专业化的直接表现为知识密集型服务不同于普通服务的高知识密集度和高素质的劳动力投入。知识密集型服务的提供者由具有专业特长和经验的人员组成，这些员工不仅能与客户进行知识交换，还能够以解决实际问题为主要目标与客户进行实时有效的互动，这一类人通常素质较高，能驾驭知识资产，劳动力成本很高，区别于劳动密集型劳动力。

②手段高科技化。知识密集型服务与新技术有着密不可分的关系。知识密集型服务一方面是高科技的积极使用者（如信息服务、金融服务等），另一方面是新技术的生产者和传播者（如技术顾问、行业咨询等）。服务者提供知识密集型服务的过程中，采用新技术为客户提供实实在在的业务支持，同时在新技术传播的过程中，新技术和新知识又可能在交流传播中产生，因此知识密集型服务在知识传播和知识创新的过程中发挥着越来越重要的作用。

③产出高附加值。知识密集型服务对专业化知识有很高要求，研究开发能力和问题解决能力属于密集的知识投入，服务本身的知识化特征明显，如远程通信服务、工程技术咨询、媒体服务数字化等都蕴含了密集的知识含量。

④高互动强度。知识密集型服务是客户需求导向型的，与传统单向服务相比，根据客户需求提供定制化服务。以用户需求为出发点，知识密集型服务很难标准化，实现基于用户需求的个性化和定制化服务才是更好的发展途径。

比较上述知识密集型服务业的特征可以看出，当定制化的、具有高度专业化要求的和高附加值的任务作为众包的内容时，众包可以看成一种知识密集型服务。知识密集型众包指的是与知识生产紧

① 李红．知识密集型服务业特征剖析［J］．情报杂志，2005（8）：101-103.

② Muller E，Zenker A. Business Services as Actors of Knowledge Transformation：The Role of KIBS in Regional and National Innovation Systems［J］. Research Policy，2001，30（9）：1501-1516.

密相关的复杂任务的众包①。相较于普通众包，知识密集型众包任务规模大，任务之间的依赖性高，并要求接包方具有一定程度的专业技能。知识密集型众包通常是合作型众包，通过不同接包方之间的合作完成任务和不断逐步提高众包任务的质量。现有的知识密集型众包任务案例研究包括文档编辑②、邮件管理③、文本翻译④、软件开发⑤、复杂结构搭建⑥等。在如今这个以知识持续创新为特征的社会中，知识密集型众包被视为众包领域最有前景的方向之一。

实际上，现代组织的许多业务流程本身也是知识密集型的⑦，因此在讨论众包与业务流程柔性这一课题时，我们以知识密集型服务业为背景。

4.5 众包与流程柔性

我们在第 3 章介绍了控制业务流程复杂度的思想，包含控制结

① Basu Roy S, Lykourentzou I, Thirumuruganathan S, et al. Task Assignment Optimization in Knowledge-Intensive Crowdsourcing [J]. The VLDB Journal, 2015, 24 (4): 467-491.

② Bernstein M S, Little G, Miller R C, et al. Soylent: A Word Processor with a Crowd Inside [C]. ACM Symposium on User Interface Software and Technology, 2010: 313-322.

③ Kokkalis N, Pfeiffer C, Chornyi D, et al. EmailValet: Managing Email Overload through Private, Accountable Crowdsourcing [C]. Conference on Computer Supported Cooperative Work, 2013: 1291-1300.

④ Hu C, Bederson B B, Resnik P, et al. MonoTrans2: A New Human Computation System to Support Monolingual Translation [C]. Sigchi Conference on Human Factors in Computing Systems, 2011: 1133-1136.

⑤ Latoza T D, Towne W B, Adriano C M. Microtask Programming: Building Software with a Crowd [C]. Proceedings of the 27th Annual ACM Symposium on User Interface Software and Technology, 2014: 43-54.

⑥ Lafreniere B, Coelho M H, Cote N, et al. Crowdsourced Fabrication [C]. Proceedings of the 29th Annual Symposium on User Inteface Software and Technology, 2016: 15-28.

⑦ Reichert M, Weber B. Enabling Flexibility in Process-Aware Information Systems: Challenges, Methods, Technologies [M]. Heidelberg: Springer, 2012.

构复杂度和控制过程复杂度。其中控制结构复杂度的主要手段是模块化和对粒度的控制，而控制过程复杂度的主要出发点是协调理论以及流程模式。可以说第3章介绍的内容是本书的核心理论，而这些理论和方法需要运用到实践中去才能证明它们对于实现和提高流程柔性具有指导作用。此外，第2章的内容论述了观测流程柔性的基本方法，构造了测量的概念模型，同时也识别了可供量化的指标。这为我们进一步通过实验和实证的方式来探讨提高流程柔性的方法提供了可行性。

在后面的两个章节中，我们将选取众包作为背景环境，分别从控制结构复杂度和控制过程复杂度两种不同的策略出发，介绍在众包模式下提高流程柔性的具体方法，并通过实验证明方法的有效性。选取众包作为背景的原因主要有三个。第一，网络众包主要在公共互联网上完成，其中间过程和结果较为公开，具有较高的透明性，有利于我们获取大量数据，同时也有利于读者和同行进行交流并进行类似实验。第二，众包的接包方来自组织外部，通常不受发包方的组织文化和组织结构等因素的影响，这样可以使我们更加容易地排除环境因素对柔性带来的影响。第三，众包是一种新的流程组织形式，其中知识密集型众包具有良好的发展前景，有希望成为未来企业的新型组织形式；但受限于现有平台的功能和对流程控制的方法，知识密集型众包较难实现，因此本书希望通过在众包模式下对流程柔性的探讨，为知识密集型众包行业的发展提供支持与帮助。如果将提供任务和完成任务的双方看成是供需关系，那么任务由企业内部人员完成和通过众包由企业外部人员来实施可以看成是从一个中心化市场到非中心化市场的转型过程。在不改变原有的协调方法和能力的情况下，非中心化市场的协调成本比中心化市场的协调成本更高，但生产成本更低①。因此研究众包背景下的协调方法和机制有利于提高流程众包的效率和柔性。

为了实现这一设想，我们在第5章构造了对知识密集型众包任

---

① Malone T W. Modeling Coordination in Organizations and Markets [J]. Management Science, 1987, 33 (10): 1317-1332.

务进行分解的方法，从解决结构复杂度的角度出发，观察粒度的变化对柔性的影响。在分解的过程中，我们发现协调理论中所建议的依赖关系类型起到了关键的指导作用。虽然该实验并未着力于过程复杂度的控制，也未特意使用各种流程模式，但从任务分解后出现基本模式的相似形态来看，再一次证明了结构复杂度和过程复杂度具有互相转化的特性。该研究最后针对成本指标进行了实验和证明。

在第 6 章的实验中，我们将根据基于能力的分配模式构造协调众包任务的解决方案。在该实验中，任务的结构没有变化，即保持了结构复杂度不变。根据基于能力的分配模式针对众包环境构造能力的描述模型，最后通过实验验证该模型的对流程有效性的影响。该实验可以看做基于能力的分配模式在众包环境下的具体实现。需要专门指出的是，流程的模式有着非常丰富的内容和多样性，而该实验只针对其中一种模式进行设计和操作。这意味着在众包环境中，提升流程柔性的方法还有很多，需要我们继续进行探索。

最后，在设计第 5 章和第 6 章的实验时，我们主要运用了在第 2 章当中提出的概念化模型，即尽量保持其他因素不变的情况下，控制其中的一个因素变化来对比最终所产生的结果。这样的实验设计能够使我们直接地观察到结果的变化。与此同时，在我们的实验设计中，结果的变化也是针对单一属性的。在第 5 章的实验中，我们将观察的重点放在成本属性的变化上；而在第六章，我们主要观察的是质量属性上的变化。这意味着通过不同的设计，有可能观察到不同的因素变化的结果，或者是多个因素同时发生变化的结果。

5　结构复杂度控制与柔性：流程众包的任务分解

知识密集型众包是众包最有发展前景的方向之一。任务分解作为知识密集型众包的准备阶段是知识密集型众包能否有效、合理进行的前提与关键。本章针对当前知识密集型众包的任务分解模型存在的缺陷，引入协调理论，从静态角度对复杂任务内部关系进行探究。根据任务内部的依赖关系以及任务粒度、任务耦合度等要求，本章的研究提出了可以有效降低任务分解成本的知识密集型众包的任务分解模型。此模型可利用一系列流程步骤，将知识密集型众包任务分解成适宜粒度、耦合度的多个子任务。为了验证模型的有效性，该研究以“基于众包解决数学新型应用题”为案例开展众包实验，参与人数达 420 人。实验结果表明此模型不仅可以降低众包的成本，还可以让众包成本的分布更为稳定，有利于对众包成本进行控制。

5.1　流程众包的任务分解背景介绍

知识密集型众包的任务分解是将众包中的复杂任务通过一定的分解方式和原则，分解成规模较小、独立性较强、适宜众包的子任务，并确定子任务之间关系的过程。根据 Kittur 等①提出的未来众

① Kittur A, Nickerson J V, Bernstein M, et al. The Future of Crowd Work [C]. Conference on Computer Supported Cooperative Work, 2013: 1301-1318.

包模式框架，任务分解属于众包的任务准备阶段。能否科学地对知识密集型众包任务进行分解将直接影响任务完成的时间、质量、分配的合理性等①。

自知识密集型众包概念提出以来，科研工作者尝试从不同角度对知识密集型众包展开研究。从任务分解角度，Beinstein 等人从工作流视角出发提出了 Soylent 模型，将复杂的众包任务分解成粒度更小、由单个接包人可执行的子任务②；从任务匹配角度，Mavridis 等人提出了一个针对任务和接包方的技能树模型来实现任务与接包人更精准的匹配③；从组织结构角度，Valentine 等人提出了 flash organizations 的想法，主张把接包人群按照组织中角色、团队、层次的框架进行分类，使之协调合作共同完成知识密集型众包任务④；从接包人接包动机角度，Alsayasneh 等人提出把简单任务通过聚类算法组成复杂的任务来提高接包人的参与体验⑤。

虽然对知识密集型众包的研究得到越来越多学界和产业界的重视，但当前的知识密集型任务众包研究仍停留在初步探索阶

① 曹勤伟，段万春，许成磊．外智引联型创新团队任务分解方法［J］．中国科技论坛，2017（3）：125-132.

② Bernstein M S，Little G，Miller R C，et al. Soylent：A Word Processor with a Crowd Inside［C］. ACM Symposium on User Interface Software and Technology，2010：313-322.

③ Mavridis P，Gross-Amblard D. Using Hierarchical Skills for Optimized Task Assignment in Knowledge-Intensive Crowdsourcing［C］. International Conference on World Wide Web，2016：843-853.

④ Valentine M A，Retelny D，To A，et al. Flash Organizations：Crowdsourcing Complex Work by Structuring Crowds as Organizations［C］. Conference on Human Factors in Computing Systems 2017（CHI 2017），Denver CO. USA，2017：3523-3537.

⑤ Alsayasneh M，Amer-Yahia S，Gaussier E，et al. Personalized and Diverse Task Composition in Crowdsourcing［J］. IEEE Transactions on Knowledge and Data Engineering，2018，30（1）：128-141.

段。绝大多数现实中的复杂目标至今仍然很难通过众包方式实现①。极个别的知识密集型众包任务比如说发明②、写作③和产品开发④，只有在限定的场景和特殊的条件控制下才能成功，研究成果的可拓展性不强。其中，阻碍知识密集型众包发展的主要困难之一就是如何对知识密集型众包任务进行合理分解⑤。

当前针对知识密集型众包任务的分解的研究主要是从工作流的角度出发。工作流是一系列微任务的线状排列结构，可以把较为复杂的任务分解成多个体量较小、复杂度较低、相对独立的子任务。针对知识密集型众包的任务分解，目前主要以下面三种工作流模式展开：

一是 Beinstein 等人提出的 Soylent 模型⑥。此研究是采用工作流思路解决知识密集型众包分解问题的首次尝试。该模型引入 find-fix-verify 工作流，通过辨识、聚合和确认三个阶段让接包人对

---

① Kittur A, Nickerson J V, Bernstein M, et al. The Future of Crowd Work [C]. Conference on Computer Supported Cooperative Work, 2013: 1301-1318.

② Yu L, Kraut R E, Kittur A. Distributed Analogical Idea Generation with Multiple Constraints [C]. The 19th ACM Conference on Computer-Supported Cooperative Work & Social Computing. 2016 (CSCW 2016) San Francisco. USA, 2016: 1236-1245.

③ Kittur A, Smus B, Khamkar S, et al. CrowdForge: Crowdsourcing Complex Work [C]. Proceedings of Annual ACM Symposium on User Interface Software & Technology ACM, 2011: 1801-1806.

④ Latoza T D, Towne W B, Adriano C M. Microtask Programming: Building Software with a Crowd [C]. Proceedings of the 27th Annual ACM Symposium on User Interface Software and Technology, 2014: 43-54.

⑤ Kittur A, Nickerson J V, Bernstein M, et al. The Future of Crowd Work [C]. Conference on Computer Supported Cooperative Work, 2013: 1301-1318.

⑥ Bernstein M S, Little G, Miller R C, et al. Soylent: A Word Processor with a Crowd Inside [C]. ACM Symposium on User Interface Software and Technology, 2010: 313-322.

复杂任务进行分解，可以用来解决文章的修订、文本的精缩和修订评论三种任务。二是 Kittur 等人提出的 CrowdForge 模型①。该研究以文章写作为例，引入分布式计算中的 MapReduce 框架，分别完成文章写作中列出文章的提纲、根据提纲收集信息和信息整理、撰写文章三项内容。研究结果发现，用 CrowdForge 模型众包完成的文章比让一个人完成的质量高，且整体质量分布更稳定集中。三是 Kulkarni 等人提出的 PDS（price-divide-solve）算法②。该算法的核心思想是让接包人对任务进行迭代分解，直至所有的任务无法被分解。当所有任务完成后，要求接包人从所有解决方案中选出最佳方案进行合并。

之后的研究以这三种工作流模式为基础进行不断探索改进。针对上述研究任务分解过程中未考虑到任务分配和监督的问题，Xiao 等人提出了基于工作流的面向服务的任务分解框架，可以找到最合适的接包人来完成相应子任务，并对他们的行为进行监督和评价③；针对当前工作流任务分解模型可拓展性不强的问题，Zheng 等人提出了一个基于状态机工作流技术的众包流程模型来提高处理复杂任务的自动化程度，减少开发众包应用的代码量④；在分解方式多样性的探索中，Jiang 等人基于 Beinstein 的 find-fix-verify 工作流，提出了横向和纵向两种分解方式，该实验通过定量计算发现了

① Kittur A, Smus B, Khamkar S, et al. CrowdForge: Crowdsourcing Complex Work [C]. Proceedings of Annual ACM Symposium on User Interface Software & Technology ACM, 2011: 1801-1806.

② Kulkarni A, Can M. Collaboratively Crowdsourcing Workflows with Turkomatic [C]. ACM 2012 Conference on Computer Supported Cooperative Work, 2012: 1003-1012.

③ Xiao L, Paik H-Y. Supporting Complex Work in Crowdsourcing Platforms: A View from Service-Oriented Computing [C]. Proceedings of the 2014 23rd Australian Software Engineering Conference, 2014: 11-14.

④ Zheng Q, Wang W, Yu Y, et al. Crowdsourcing Complex Task Automatically by Workflow Technology [J]. 2017, 686: 17-30.

纵向分解在提高任务解决质量上的优越性①。

5.2 知识密集型众包中的协调问题

从组织角度看，众包是一种新的组织方式，完成了从传统的把业务外包给公司的组织形式到企业与新型网络社区互相协作的组织形式的转变。由于众包平台具有开放性特点，平台上的接包人背景各异，所拥有的技能、参与众包的动机、信誉程度等都有很大的差别。新型网络社区的差异化、多样化带来的创新潜力之外，也带来了组织协调上的难题——如何处理好不同类型的众包任务与异质的接包人之间的分配协调问题。

此外，知识密集型众包任务的自身特点给这种类型众包活动的组织协调带来了更大困难。知识密集型众包任务具有高知识度性、高技术度性、高互动度性、高创新性四种特性②。它依赖于专门领域的知识和技能，通常任务规模大、复杂度较高，存在多个子过程或子任务间的复杂信息交互、依赖和制约。复杂的任务依赖关系加大了众包任务在异质接包人之间分配的协调难度。

在众包中，如果众包任务规模太大，结构过于复杂，选择合适接包者的余地就会减少，这样既会增大众包难度，也会增加众包成本；如果任务规模太小，可能会增大人力、物力资源分配的难度。从组织协调理论角度来看，为了有效地组织协同设计，提高众包质量，缩短众包周期，降低众包成本，降低任务与资源、资源与资源之间协调的难度，将复杂任务进行有效的规划，把任务分解成大小适合、相互依赖度较低的子任务是非常有必要的。

---

① Jiang H, Matsubara S. Efficient Task Decomposition in Crowdsourcing [M]. Springer International Publishing, 2014: 65-73.

② 李红．知识密集型服务业特征剖析 [J]. 情报杂志, 2005, 24 (8): 101-103.

根据协调理论中 Crowston 和 Malone 对任务之间三种依赖关系的定义，将众包的依赖关系抽象概括为以下三种基本关系，即匹配（fit）、流动（flow）、共享（share）三种关系①。匹配关系是指当多种活动共同为某种活动提供输入时形成的投入活动间的依赖关系；流动关系指的是当前一种活动的产出为后一种活动提供输入时形成的纵向活动之间的依赖关系；共享关系指的是多种活动共享某种活动提供的输入时形成的横向共享性依赖关系。众包中任务之间的关系可以看做这三种基本关系以及它们的组合。

为了方便进行表达与运算，引用数学中的二元组（D，O）来表示众包中的约束结构，即任务间关系。其中 D 表示约束结构中的所有任务；$O=\{(p, cs)\}$ 表示由一系列任务组成的任务控制集。每个任务控制集由一组输入和输出任务构成；p 表示输出任务；cs 表示由若干个输入任务组成的集合。以图 5-1 任务关系为例，图 A 用二元组可表示为 $\{(a, \{b\}), (a, \{c, d\})\}$；图 B 用二元组可表示为 $\{(a, \{b, c, d\})\}$。

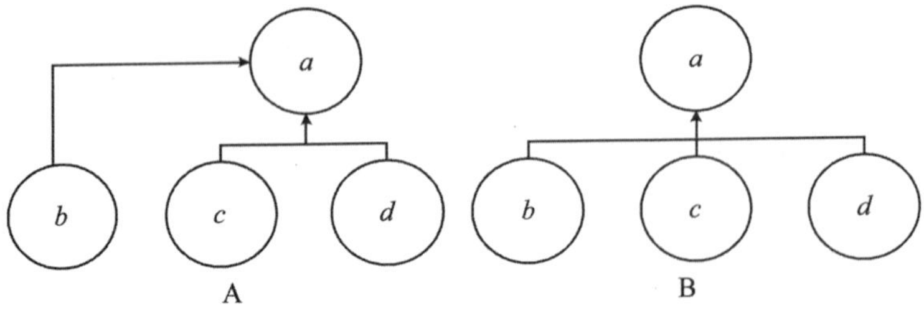

图 5-1　任务关系

在厘清任务之间的关系后，本研究引入任务粒度、任务耦合度概念来对任务间的关系进行定量描述。

① Crowston K. Towards a Coordination Cookbook: Recipes far Multi-agent Action [D]. MA: MIT Sloan School of Management, Cambridge, 1991.

5.3 基于协调理论的任务分解模型

5.3.1 相关概念及计算方法

5.3.1.1 任务粒度

任务粒度是对任务集内部聚合程度的度量①。它不仅反映了任务集的层次结构，还体现了任务的整体规模和数量。

根据相关文献②，任务粒度的数学表达式如式（5.1）所示：

$$n = k \times \frac{1}{n_t},\ n > 0,\ k > 0,\ n_t > 0 \tag{5.1}$$

上式中，n 表示任务粒度，n_t 表示任务数量，k 表示任务粒度系数。任务粒度系数 k 与任务集合中的关联和重用有关。根据式（5.1）可知，对于一个复杂活动，任务粒度与任务数量、任务集合之间的联系程度两个因素有关。任务粒度系数越小、任务数量越多，任务粒度就越小；任务粒度系数数量越大、任务数量越少，任务粒度就越大。

在此，本研究参考前文提到的模块化设计的思想，即模块内部各成分彼此之间的联结强度用内聚度来衡量。为了分析众包任务集合间的关联程度，可将众包中的各个子任务视为一个软件模块的不同内部成分，引入软件模块内聚度的概念和定量计算方法来反映众包中各个子任务结合的紧密程度。

对于约束结构（D，O）的有效约束子集 t，用任务关联内聚系数来量化任务集合中关联程度的水平，用任务重用内聚系数来量化约束控制元中活动单元被重用的水平。根据 Pang 等的研究成果③，

① 庞辉，方宗德．网络化协作任务分解策略与粒度设计［J］．计算机集成制造系统，2008，14（3）：425-430.

② Shi Y，Eberhart R C. Fuzzy Adaptive Particle Swarm Optimization［C］. Proceedings of the 2001 Congress on Evolutionary Computation，2001：101-106.

③ 庞辉，方宗德．网络化协作任务分解策略与粒度设计［J］．计算机集成制造系统，2008，14（3）：425-430.

任务关联内聚系数 $u(t)$ 和任务重用内聚系数 $v(t)$ 的数学表达式如式 (5.2)、式(5.3) 所示：

$$u(t)=\begin{cases}\sum_{(p,cs)\in t}\left|\{\exists(p,cs),(q,ds)\in t \mid (\{p\}\cup cs)\cap(\{q\}\cup ds)\neq\phi \text{且} (p\neq q)\}\right| \dfrac{1}{|t|\times|t-1|}, |t|>1;\\ 0, |t|\leqslant 1\end{cases} \tag{5.2}$$

$$v(t)=\begin{cases}\left|\exists(p,cs),(q,ds)\in t \mid (\{p\}\cup cs)\cap(\{q\}\cup ds)\neq\phi \text{且} (p\neq q)\right|\times\dfrac{1}{|t|}, |t|>1;\\ 0, |t|\leqslant 1。\end{cases} \tag{5.3}$$

式 (5.2) 和式 (5.3) 中，p 、q 表示约束结构中的输出活动单元，cs、ds 表示约束结构中的输入活动单元，$|t|$ 表示约束控制单元的数量。任务关联内聚系数越大，说明一个约束控制单元的输入和输出活动在另一个约束控制元中出现的次数越多，两个约束控制单元之间的信息交互就越频繁；任务重用内聚系数越大，说明约束活动结构中的活动被重用的程度越高，两者的信息共享度越高。

任务粒度系数取决任务集合间的关联与重用，因此任务粒度系数 $k(t)$ 可表达为：

$$k(t)=\frac{\sum u(t)\times v(t)}{n_t} \tag{5.4}$$

代入式 (5.1)，可得到与任务关联内聚系数 $u(t)$ 和任务重用内聚系数 $v(t)$ 相关的任务粒度数学表达式：

$$n=\frac{\sum u(t)\times v(t)}{n_t}\times\frac{1}{n_t} \tag{5.5}$$

在复杂任务中，如果分解后的任务粒度过大，则某些子任务之间的内聚度较弱，即子任务所需的技能差别较大，导致完成该任务所需的技能种类较多，不利于接包人的选择；如果粒度过小，任务调度会困难，并且容易导致资源不均而增加任务完成周期。因此在复杂任务的分解过程中，应该把粒度控制在合理的范围之内。

5.3.1.2 任务耦合度

任务耦合度是对任务之间交互影响程度的度量①。任务之间的信息交互建模可以引用布尔型设计结构矩阵（design structure matric）来表示②。如式（5.6）所示，设计结构矩阵是一个 n 阶方阵，n 表示任务数量。设计结构矩阵中的 a_{ij} 表示该单元所对应的行任务与其所对应的列任务之间的信息交互。

$$A=\begin{pmatrix} a_{11} & \cdots & a_{1n} \\ \vdots & a_{ij} & \vdots \\ a_{n1} & \cdots & a_{nn} \end{pmatrix} \tag{5.6}$$

其中，a_{ij} 的取值情况如（5.7）所示：

$$a_{ij}=\begin{cases} \text{cond}(t_i,\ t_j) & i \neq j \\ 0 & i=j \end{cases} \tag{5.7}$$

如果 t_i、t_j 行列之间存在信息交互，那么 $a_{ij}=1$；如果 t_i、t_j 行列之间不存在信息交互，那么 $a_{ij}=0$。

对于一个基于活动的约束结构（D，O），根据 Pang 等的研究成果③，耦合度系数的计算公式为式（5.8）：

$$R=\begin{cases} \sum\limits_{s,\ t\in T}\dfrac{\text{cond}(s,\ t)}{|T|\times|T-1|}, & |T|>1 \\ 0, & |T|\leqslant 1 \end{cases} \tag{5.8}$$

上式中，t_i 和 t_j 为两个独立的任务，$\sum\limits_{t_1,\ t_2\in T}\text{cond}(s,\ t)$ 表示任务之间的信息交互量，$|T|$ 表示任务数量。

---

① 包北方，杨育，李斐，等．产品定制协同开发任务分解模型［J］. 计算机集成制造系统，2014，20（7）：1537-1545.

② 唐敦兵，钱晓明，刘建刚．基于设计结构矩阵 DSM 的产品设计与开发［M］. 北京：科学出版社，2009.

③ 庞辉，方宗德．网络化协作任务分解策略与粒度设计［J］. 计算机集成制造系统，2008，14（3）：425-430.

在复杂任务中，任务耦合度的大小主要与任务之间信息交互量大小有关。任务之间的耦合度越高，则说明任务之间信息交互量越大；信息交互量越大，在任务的完成过程中合作协调的难度就会越大。因此在对知识密集型众包任务进行分解时，为了增强子任务的独立性，应将耦合度高的子任务尽量合并。

5.3.2 任务分解模型

任务分解是对知识密集型任务进行合理众包的有效手段，其目标在于将原本规模较大、内部依赖性较高、结构复杂的大任务分解为多个粒度大小适宜、彼此独立的均衡子任务。因此在任务分解时除了考虑到任务实际结构、流程特点外，还需要对任务的划分粒度、任务之间相互影响程度的大小进行控制。

基于协调理论的相关内容，结合知识密集型众包任务的结构、流程特点，引入任务粒度、任务耦合度的度量，本研究提出的知识密集型任务分解的模型如图 5-2“知识密集型任务分解模型”所示：

步骤一：初步分解。一般的，对于明显有时间先后顺序的知识密集型任务，可根据任务执行流程找出一组彼此联系的子任务，比如说软件设计、文章撰写等；对于时间顺序要求不高的知识密集型任务，可根据任务的功能结构进行分解，比如手机设计可根据手机的功能结构进行任务分解。在步骤一中，首先根据任务特点，按时序流程或者结构功能对任务进行划分，得到初步任务分解集合 S_1。

步骤二：众包任务类型分析。根据前文内容可知，任务类型可分为 flow 型、fit 型和 share 型。对 S_1 中任务的类型进行分析，如果判定任务属于 fit 型或 share 型，则进入步骤三；如果任务属于 flow 型，则无需进行后续步骤，直接进入任务最优分解集 S 中。

步骤三：众包任务粒度的合理性控制。合理性是相对且充分依赖于个体的发展规律的。对于不同类型的任务和分解目标，合理的任务粒度值有所不同。为了保持合适的粒度分解，需要提前根据实际情况设置任务粒度阈值。合适的任务粒度值可以根据实际分解经

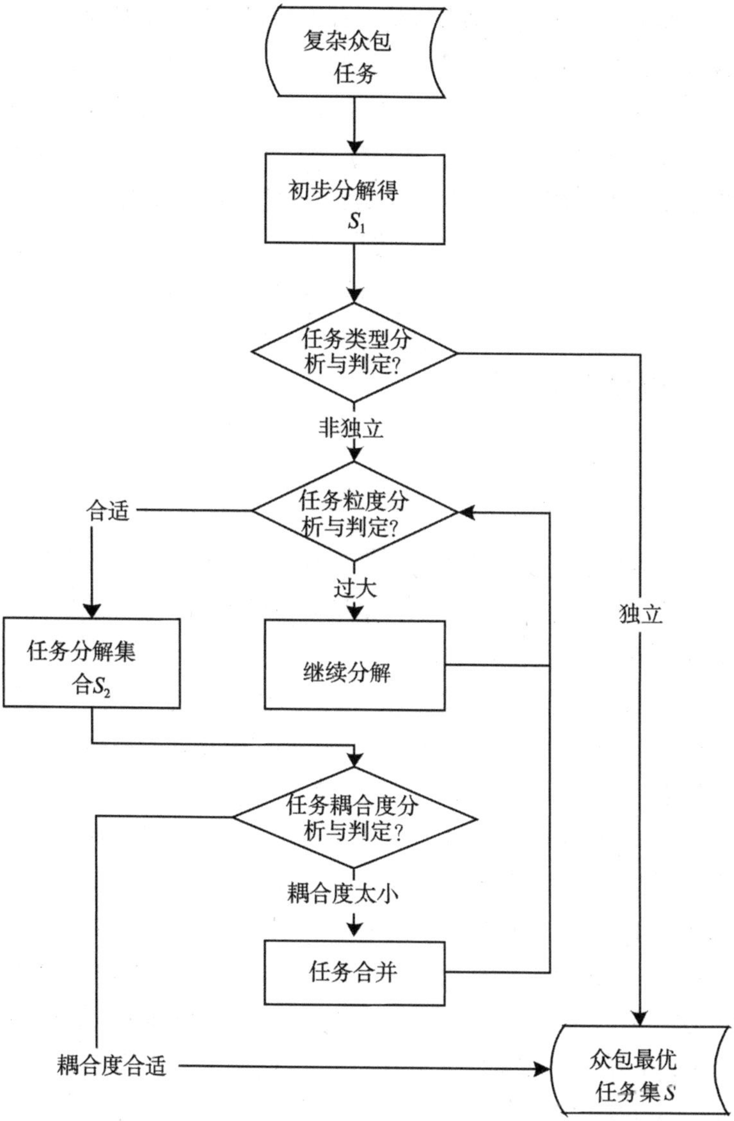

图 5-2 知识密集型任务分解模型

验或者根据分解效果进行反复调整来确定，本研究中对此不再赘述。在这一步中，继续根据知识密集型众包任务的流程、结构特点，以较小的变化幅度对任务进行分解，直到该分解集的任务粒度小于所设定的任务粒度阈值。得到任务分解集 S_2。

步骤四：众包任务耦合度的合理性控制。与粒度控制相同，为了保证对任务进行合理的耦合度控制，需要提前设定任务耦合度阈值。计算 S_2 的任务耦合度，如果 S_2 耦合度计算结果处于所设定的耦合度阈值范围内，则 S_2 即为最优任务分解集合；如果 S_2 耦合度计算结果超出了所设定的耦合度阈值范围，根据 DSM 对联系程度高的子任务进行合并，直到 S_2 耦合度小于所设定的耦合度阈值，返回步骤三重新进行任务粒度合理性判定。

5.4 模型验证

5.4.1 案例介绍

考虑到实验的实施成本与可操作性，在选择众包任务验证案例时，既要保证该任务达到知识密集型众包任务的相关标准，又要尽量降低任务的复杂程度。因此，本次实验在“众包解决新型数学应用题”的应用场景下模拟知识密集型众包的工作环境。“数学新型应用题”如图 5-3“新型任务”、图 5-4“复杂任务”所示，文字描述如下：

已知 $a=1$，$b=2$，$c=3$，$d=5$，$e=3$，$f=4$，$g=2$。现定义新型关系如图 5-4 所示。图 5-3 式（1）表示 1 对 1 的关系：X 只有一种来源 A_1，A_1 只有一个去向 X；式（2）表示多对 1 的关系：X 有 A_1，A_2，…，A_n共 n 个来源；式（3）表示 1 对多的关系：A 有多个去向：X_1，X_2，…，X_m；式（4）表示多对多的关系，A_1，A_2，…，A_n 有 m 个去向。X_1，X_2，…，X_m 有 n 个来源。求解（$o+q+m+t$）的值。

任务 Q 包含 20 个节点与 13 步运算。在时序上节点之间呈现依赖关系，存在着一个节点分散成多个节点、多个节点汇集成一个节点等多种情况。在逻辑上，节点与节点之间也存在着依赖关系，每步运算需要根据图形对应形式选择不同的公式进行运算。此任务具有理解文字描述、厘清任务内部关系、运用定义进行计算等多个复

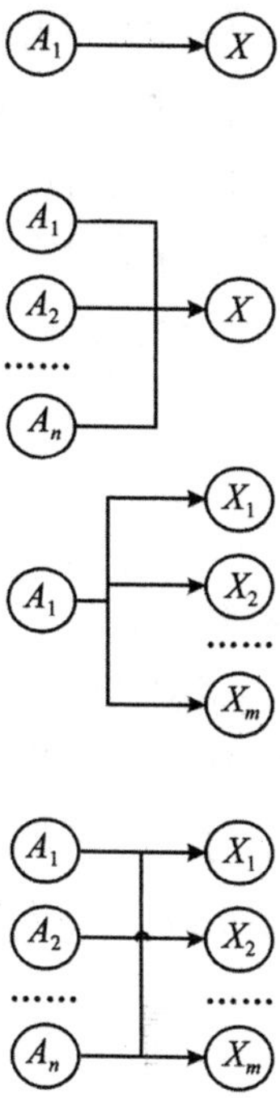

则，$X=A_1+1$ (1)

则，$X=A_1+A_2+\cdots+A_n-n$，$n\geqslant 2$ (2)

则，$X_m=A-m$，$m\geqslant 2$ (3)

(4)

则，$X_1=X_2=\cdots X_m=A_1+A_2+\cdots A_n-n$，$n\geqslant 2$，$m\geqslant 2$

图 5-3 新型任务

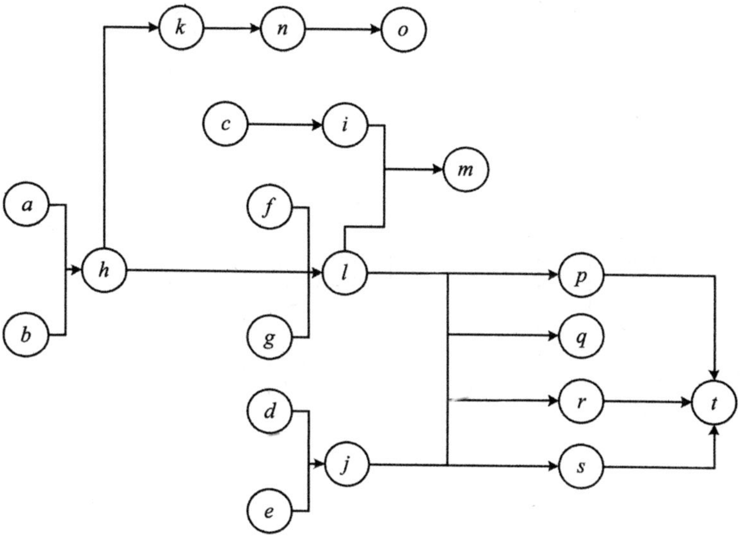

图 5-4 复杂任务

杂认知过程，对接包人具有较高的文字、图形理解能力要求，具备知识密集型众包任务复杂、依赖程度高等特性。同时，总体来说完成该任务花费的总时间较短，不需要接包人大量时间精力投入，给大规模的众包实验的展开增加了可能性。应用题本身是对实际生产环境中复杂任务的抽象，新型关系对应着现实生活中任务内部的复杂逻辑与结构，因此具有一定的现实意义。

5.4.2　任务分解

按照上一节中提出的分解模型步骤对此复杂任务 Q 进行分解：

步骤一：由于此复杂任务具有明显的时序关系和结构关系。因此按时序与结构相结合的方式对 Q 进行初步分解，可以得到任务初步分解集合 S_1。S_1 集合元素如图 5-5 "任务初步分解集合 S_1" 所示。S_1 包含 5 项子任务，分别是子任务 A，包括 a、b、h；子任务 B，包括 h、k、n、o；子任务 C，包括 d、e、j、l、q；子任务 D，包括 f、h、g、c、i、m、l；子任务 E，包括 l、j、p、r、s、t。

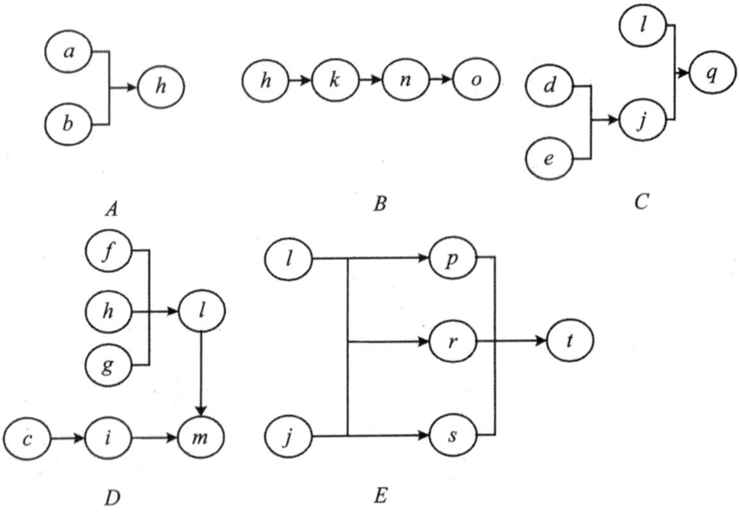

图 5-5　任务初步分解集合 S_1

步骤二：对这 5 项子任务进行任务类型分析。发现以上子任务在信息交互上都存在一定依赖，因此进入步骤三进行进一步分解。

步骤三：对任务粒度进行合理性控制。在此，根据经验将项目粒度阈值设为 0.03。根据分解模型中的算法，可以得到活动约束结构为：

$$D_A = \{a,b,h\},O_A = \{(h,\{a,b\})\}; \tag{5.9}$$

$$D_B = \{h,k,n,o\};O_B = \{(k,\{h\}),(n,\{k\}),(o,\{n\})\}; \tag{5.10}$$

$$D_C = \{d,e,j,l,q\},O_C = \{(j,\{d,e\}),(q,\{l,j\})\}; \tag{5.11}$$

$$D_D = \{c,f,h,g,i,l,m\},O_D = \{(l,\{f,h,g\}),(i,\{c\}),(m,\{i,l\})\}; \tag{5.12}$$

$$D_E = \{l,j,p,r,s,t\};$$
$$O_E = \{(p,\{l,j\}),(r,\{l,j\}),(s,\{l,j\}),(t,\{p,r,s\})\} \tag{5.13}$$

根据式（5.9），集合中各任务粒度系数计算结果如表 5-1 所示：

表 5-1　　任务粒度相关系数

子任务	任务关联系数 $u(t)$	任务重用系数 $v(t)$	系数乘积
A	0	0	0
B	2/3	1/4	1/6
C	1	1/5	1/5
D	1/3	2/7	1/4
E	1/2	1/2	1/4

根据任务粒度式（5.10）计算可得：

$$S_t = \frac{\sum u(t) \times v(y)}{n_t} \times \frac{1}{n_t} = \frac{13}{375} \approx 0.0347 \tag{5.14}$$

由于 S_t 结果为 0.0347，大于任务粒度阈值范围，因此对继续进行分解。因为子任务 D 和 E 的系数乘积相较于其他任务最大，因此对 D 进行继续分解为 $D1$ 和 $D2$，E 继续分解为 $E1$ 和 $E2$，如图

5-6 所示。

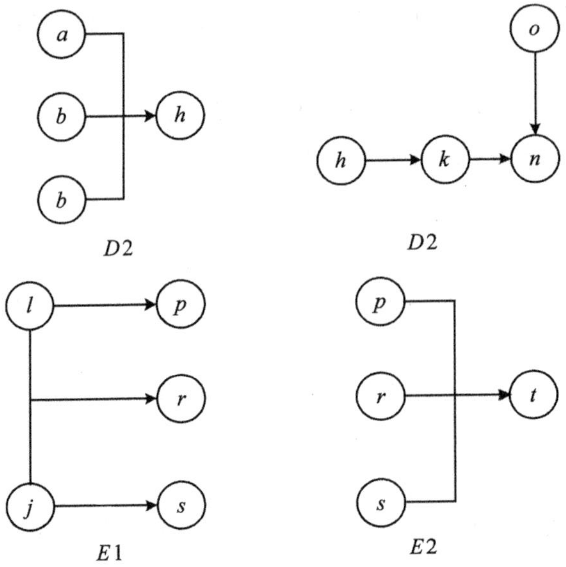

图 5-6　对 D、E 进一步分解

重复之前的步骤，得出新的集合的粒度为：

$$S'_t = \frac{\sum u(t) \times v(y)}{n_t} \times \frac{1}{n_t} = \frac{13}{735} \approx 0.0177 < 0.03 \quad (5.15)$$

此结果在任务粒度阈值范围之内，进入步骤四。

步骤四：对任务耦合度的合理性控制。根据 20 个子任务组成的复杂任务分解经验，设定任务耦合度阈值为 0.4。根据式(5.11)、式(5.12)，任务信息相关矩阵如下表所示：

表 5-2　**设计结构矩阵**

任务	A	B	C	D1	D2	E1	E2	总数
A	0	1	0	1	0	0	0	2
B	1	0	0	0	0	0	0	1
C	0	0	0	1	1	1	0	3

续表

任务	A	B	C	$D1$	$D2$	$E1$	$E2$	总数
$D1$	1	0	1	0	1	1	0	4
$D2$	0	0	1	1	0	1	0	3
$E1$	0	0	1	1	1	0	1	4
$E2$	0	0	0	0	0	1	0	1
总数	2	1	3	4	3	4	1	18

根据式（5.13）可得，S_2 任务耦合度为：

$$R(S_2)=\frac{\sum\limits_{t_1,\ t_2\in S_2}\mathrm{cond}(t_1,\ t_2)}{(|S_2|\times|S_2-1|)}=\frac{3}{7}\approx 0.4286>0.4$$

计算可得，该集合超出了任务耦合度阈值，因此需要将信息交互量多的任务进行合并。由上表可知，$D1$ 与 $E1$ 之间的信息交流较为频繁，因此将其进行合并为 $DE1$。根据以上方法重新计算任务耦合度。结果为：

$$R'(S_2)=\frac{\sum\limits_{t_1,\ t_2\in S_2}\mathrm{cond}(t_1,\ t_2)}{(|S_2|\times|S_2-1|)}=\frac{1}{3}\approx 0.333<0.4$$

$$S'_t=\frac{\sum u(t)\times v(y)}{n_t}\times\frac{1}{n_t}=\frac{13}{735}\approx 0.0258<0.03$$

因此 S_2 为任务分解的最优解。重新编号后有子任务，如图 5-7 “优化分解后的子任务” 所示。

5.4.3 分解有效性验证

5.4.3.1 问题与假设

在项目管理中，时间、成本、质量是影响项目是否成功的三大要素，三者之间相互制约、相互影响①。为了简化情境，本研究着

① 力红，余建军，孙树栋．时间、成本与质量三目标建模及优化［J］．计算机工程与应用，2010，46（24）：7-10.

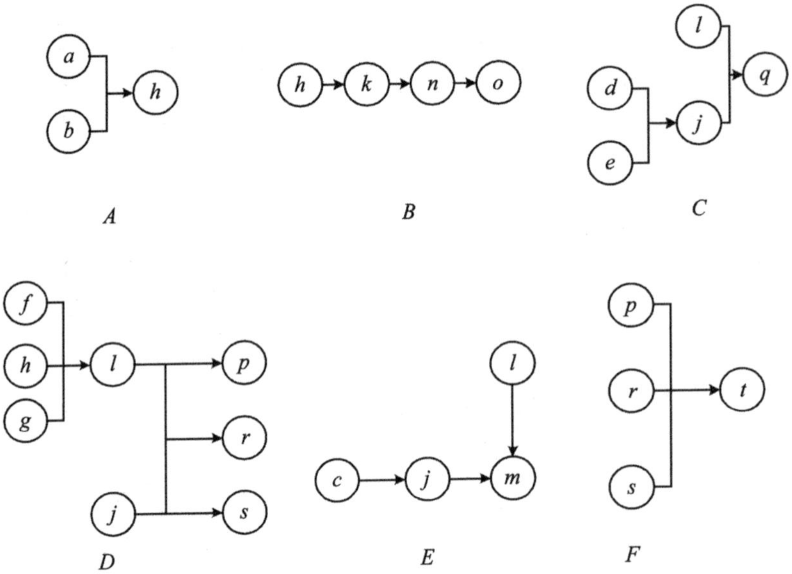

图 5-7 优化分解后的子任务

眼于成本与质量之间的关系。因此在保证质量不变的情况下，如果对知识密集型众包任务分解后完成的成本降低，则说明分解是成功的，即模型是有效的。

为了方便实验的开展，本次实验忽略接包人能力差异带来的接包价格差异，将众包成本理解为仅与接包人时间投入时间 t 正相关的变量。因此，在本实验中，可以用接包人完成任务时间所需要的时间 t 来替代众包成本的计量；并且本实验假设所有的实验参与者都符合接包人的能力和素质要求，诚实可靠、尽力完成众包任务，从而忽略实验完成率给成本带来的影响。

结合研究问题与分解模型的特点，提出实验假设如下：

假设 1：保证任务完成的情况下，经过初步分解后的知识密集型众包任务的众包成本比未分解的情况低；

假设 2：保证任务完成的情况下，使用分解模型优化分解后的知识密集型众包任务的众包成本比初步分解的情况低。

5.4.3.2 实验流程设计

本次实验中，“是否完成任务”的衡量标准是“答案是否正确”，在每个任务中计算出正确答案即代表完成该众包任务。这样的设计可以消除实验完成率对成本的影响，从而减少任务之间的依赖性对众包成本计算的影响。比如，如果任务 2 依赖于任务 1 的输出结果，那么任务 1 的完成质量将影响任务 2 的完成质量。本次实验将任务完成标准设置为“答案正确”，即意味着每个任务的完成质量都是 100%，就无需考虑依赖性对后续任务完成情况产生影响。为了验证假设 1 和假设 2，本实验设置了 1 个对照组和 2 个实验组。

对照组：对未进行分解的知识密集型众包任务 Q 进行整体众包，由一个接包人独立完成。

实验组 1：对经过初步分解的知识密集型众包子任务进行众包，共有 6 个子任务，分别为 $T1.1$、$T1.2$、$T1.3$、$T1.4$、$T1.5$ 和 $T1.6$ ，由 6 个接包人合作完成。

实验组 2：对使用分解模型来对知识密集型任务 Q 进行优化分解后的子任务进行众包，一共有 7 个子任务，分别为 $T2.1$、$T2.2$、$T2.3$、$T2.4$、$T2.5$、$T2.6$ 和 $T2.7$，由 7 个接包人合作完成。

对照组、实验组 1、实验组 2 分别进行 30 次众包实验，实验时需记录各组完成所有众包任务所需要的时间 t。

5.4.3.3 实验结果及分析

对照组、实验组 1、实验组 2 分别进行 30 次实验，一共 420 位志愿者参与了众包实验。剔除各组未完成众包任务以及存在明显错误（答题时间过短）的情况，取三个组别的最小完成次数，最后一共得到 19 * 3 组数据。对每组的 19 次众包任务完成总时间计算平均值和标准差值，得到结果如表 5-3 和图 5-8 所示。

表 5-3 **众包实验结果分布**

组别	平均使用时间（t/s）	使用时间的标准差（t/s）
未分解	1055.8	504.2
原始分解	442.5	160.2
优化分解	341.8	104.3

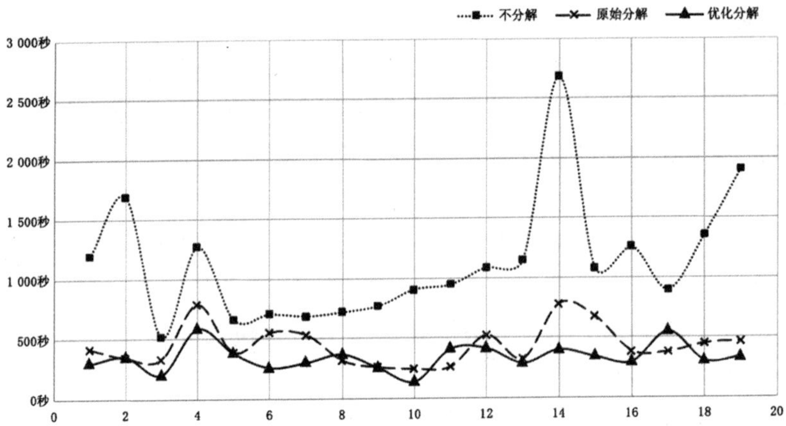

图 5-8　三种情况任务完成总时间分布图

实验结果显示，知识密集型众包任务未分解时出包平均完成时间需要 1055. 8 秒，原始分解后任务完成时间为 442. 5 秒。原始分解后比不分解的情况节约了 58. 1%的时间。因此在保证任务完成的情况下，经过初步分解后的知识密集型众包任务的众包成本比未分解的情况低，假设 1 成立。

对知识密集型众包任务进行优化分解后，任务完成时间需 341. 8 秒，比不分解的情况节约了约 67. 6%的时间，比原始分解的情况节约了 22. 8%。因此在保证任务完成的情况下，使用分解模型优化分解后的知识密集型众包任务的众包成本比初步分解的情况低，假设 2 成立。

此外，由图 5-8 可知，相较于对照组与实验组 1，实验组 2 的众包任务完成时间分布更为集中，19 组重复实验的完成时间波动较小。通过计算三组的标准差可得，实验组 2 标准差为 104. 3*t*/*s*，小于原始分解的 160. 2*t*/*s* 与未分解情况的 504. 2*t*/*s*。由此可知，实验组 2 的众包时间分布更稳定，即实验 2 的众包成本更为稳定。

因此可知，使用本研究提出的知识密集型众包的任务分解模型不仅降低了众包的成本，而且让众包成本的分布分为稳定，有利于众包成本的控制。

5.5 结论

本章针对当前知识密集型众包所面对的困难，基于协调理论，从知识密集型众包任务间 flow、fit 和 share 三种依赖关系入手，引入对分解过程进行定量评估的任务粒度、耦合度概念，建立了新的知识密集型众包的任务分解模型。为了验证此模型的有效性，引入“众包解决数学新型应用题”的场景模拟知识密集型众包的工作环境。在对 420 名接包人开展众包实验后，发现使用本研究分解模型可以对知识密集型任务进行分解，并且在保证任务完成的情况下，可以让众包成本更低，众包成本的分布更稳定，有利于众包成本的控制。根据我们通过成本反映业务流程柔性的观测方法，通过改变任务结构、控制结构复杂度可以使众包业务流程的柔性增加。此模型的研究拓宽了任务分解的开展思路，为从静态角度开展知识密集型众包的任务分解奠定了理论基础。

本研究针对当前知识密集型众包的任务分解模型存在的缺陷，从复杂任务内部关系入手，提出了可以有效降低任务分解成本的知识密集型众包的任务分解模型。从严谨性角度看，本研究仍存在以下不足：

①本研究仅通过“众包数学新型应用题”的案例对模型进行验证，类型单一，研究结果的普遍性有待进一步验证。

②本研究简化了众包情境，忽略了众包任务完成率对众包成本的影响。未来的研究中可以将众包任务完成率作为变量引入实验假设。

③本研究的众包实验通过召集志愿者的方式进行，未放置在一个真正商用的众包平台上。而在实际工作中，接包人的接包动机和意愿可能会对众包任务完成的结果产生一定影响。

本研究的后续工作可以考虑从以下两方面进行：积极寻求对不

同类型、数量更多的案例开展众包实验，从而验证此模型的普遍性；此研究仅从静态的角度研究任务分解模型，未来可以借鉴工作流分解方式的优点，把工作流与任务间关系的协调相结合，进行基于任务分配的任务分解研究。

6 过程复杂度控制与柔性：方案众包的实现

在上一章的实验中，众包任务的分解体现的是对结构复杂度的控制。在本章的实验中，我们将在众包任务结构不变的情况下，通过对过程复杂度的控制来实现流程的柔性。不同于任务分解类型的众包，方案众包当中的主要工作是为无法分解或已完成分解的任务寻找最合适的接包方。这样的要求和设定很容易让我们联想到在第三章介绍的基于能力的分配模式所提出的解决思路。其中，各式各样的接包方可以被看做可供选择的资源，他们拥有不同的个体特征；而众包任务的描述和属性可以看做是对资源能力的具体要求。实现基于能力的分配方案即是提出一种高效实现众包任务与接包方相匹配的方法。本章的实验将介绍如何在特定的众包模式下构造该方法，并对方法实现的效果进行检验。

在方案众包模式下，接包方的选择显得更为重要。如何挑选合适的接包方，以保证任务完成的质量和效率，这是发包方所面临的难题。其中，知识密集型众包的特征集中体现在对接包方知识技能的选择上，同时，精力与时间有限的接包方也希望能找到适合自己的众包任务。然而，当双方大量的信息通过众包网络平台集中在一起时，信息过载的问题却严重影响了任务与接包方之间的匹配。为了解决该信息过载的问题，实现知识密集型众包任务与接包方的高效匹配，建立可计算的匹配模型，并应用到实例中去，是解决上述问题的一个有效途径。

本章将从为单个知识密集型众包任务寻找接包方的角度，探究知识密集型众包任务与接包方的匹配方法，建立一个针对平台的切实可用的匹配模型，并以众包平台上的实例来验证匹配模型的准确性。

6.1 方案众包中的匹配问题

在资源模式类别中，基于能力的分配模式是一种常见且重要的流程模式。众包平台在聚集了众多的优秀人才和企业需求后，无论是对发包方还是任务的接包方来说都存在信息过载的问题。发包方在为自己公布的众包任务选择合适的接包方时，希望选择的人才在知识水平上最能胜任该任务，在服务能力上最能高效优质地完成任务。在平台上，发包方虽然能通过接包方的信息，比较准确地估算单个接包者的知识技能、服务能力，进而在几个或十几个候选者中找出可能的最佳人选，然而当候选人数量庞大时，发包方没有时间和精力评估每个候选者的能力，也很难对多个候选人的优劣有准确的判断。同样，接包方在众包平台上，出于赏金激励、成就感、能力提升等动机，希望参与自己能胜任并有一定能力提升空间的任务获取酬金，但平台中任务浩如烟海，找到满足自身需要的任务也面临着信息过载的问题。

为了尽量缩小发包方和接包方可选的范围，某些众包网站提供了简单的分类搜索的功能，但仍难实现任务与接包方的最佳配对。如一品威客网在直接雇佣威客（任务接包方）这一类的服务中，提供了向任务发布者推荐优秀接包方的功能，通过选择不同的人才分类、能力品级、诚信状态，反映任务对人才的需求；又根据接包方的信用、好评率、交易金额、评级、中标次数、VIP 等级对推荐结果排序，反映接包方能力指标。发包方通过对指标的控制，缩小搜索结果的范围，虽然减轻了信息过载的程度，但由于这种推荐依靠的是简单的分类和排序，发包方依然难以从庞大的需求网络中找到合适的接包方。其一是筛选后的数据量依然庞大，缩小指标范围又会错失优秀人才；其二是多个指标的组合问题，如选出了知识水平较高的接包方，却可能有服务水平不符合要求、要求赏金过高、投入时间不能保证等问题，推荐的结果还需发包方再次筛选辨别，不能实现精确匹配。

对知识密集型众包任务和知识型人才进行匹配研究是解决上述问题的一个有效方法。以发包方和参与方相互的信息需求为出发点，量化任务和接包方的各项指标，并使用合适的匹配模型和精确的匹配算法，找出任务与接包方的最佳配对，在为发包方高效准确地选择可靠的知识性人才提供依据，保证知识密集型众包任务的完成质量的同时，接包方的需求也能达到最大程度的满足。激励了接包方与发包方参与众包的积极性，有利于众包平台向优质内容和优质服务发展。知识密集型众包任务和接包方的匹配模型研究是实现知识密集型众包的一个重要突破点。

该类问题从本质上讲是一个多指标决策问题。多指标决策（multiple attribute decision making，MADM）是一类重要的决策问题，主要解决具有多个指标的有限方案的排序问题，它是现代决策科学、系统工程、管理科学和运筹学等学科研究中十分活跃的一个课题，并且在社会、经济、管理科学领域取得了成功应用①。在实际的生产过程中，企业开始追求于如何通过现有资源获得更好的解决方案，因此常常会遇到如下的问题：比如进行多目标情况下多方案项目综合评价时，决策者在分析判断的过程中，受主、客观因素及环境的影响，很难确定出一个准确的数字来表示某属性值的大小，或者说量化的过程中很难实施下去，随之而来的问题就是我们很难直接采纳以往的决策分析方法进行项目的综合评价。MADM不仅为研究项目评估和方案优选提供了可行的方法，也是处理一类投资决策问题的理论上较完备的手段，同时还是考核企业经济承包和产业部门发展顺序的有力工具。

① Hwang C-L，Yoon K. Multiple Attribute Decision Making：Methods and Applications a State-of-the-Art Survey［M］. Heidelberg：Springer-Verlag，1985.

本章在 MADM 的研究中会以众包为应用背景，借鉴近年来已有的成熟 MADM 方法为基础，进而进行结合创新，给出一个应用于方案众包场景的 MADM 方法。

6.2 匹配问题的理论基础

6.2.1 权值确定方法

在多指标决策中，由于每个指标对最终结果的重要程度不同，需要根据每个指标的重要性程度赋予不同的权重。多数学者将确定权重的方法分为主观赋值法和客观赋值法。主观赋值法，即计算权重的原始数据主要由评估者根据主观经验判断得出，包括主观加权法、专家调查法、层次分析法（AHP）、模糊统计法等；客观赋值法，即计算权重的数据由各评测指标在被评测过程中的实际数据得到，如均方差法、主成分分析法、熵值法、代表计算法等[①]。两类赋值方法各有优缺点，主观赋值法考虑到评测人员的主观感受，但由于受评测人员的个人影响容易产生偏颇；而客观赋值法数据来源于指标数据的统计分析，一定程度上排除了评测人员的主观影响，但也可能由于数据分析模型的不适用或数据误差造成与实际情况不相符的问题。

发包方在为任务挑选接包方时需根据自己的需求对接包方的各方面能力进行评估，而评估的过程往往是复杂模糊的，依靠主观判断无法直接计量，在模拟评估的过程中，就要求指标之间具有层次关系，需要主观赋予指标不同权值来进行算法判断。而层次分析法的基本思路与人对一个复杂的决策问题的思维、判断过程具有相似性，即从上而下将不同因素分解为若干层次，比较因素间的重要程度，能很好地模拟主观赋值的过程，适合任务与接包方的匹配模型

---

① 程启月．评测指标权重确定的结构熵权法［J］. 系统工程理论与实践，2010，30（7）：1125-1128.

的主观赋值方法。

另外，在对接包方进行评估时，所获得的评估指标之间有信息量多寡的区别。以猪八戒网为例，对比接包方好评率和总收入这两个指标，接包方的好评率往往集中在 90%～100%，而接包方的收入却从零到几百万元不等，在这种情况下，接包方的收入这一指标比好评率这一指标包含更多可区分接包方能力的信息，应给予更多的权重，而熵权法根据信息无序程度确定权值，给予信息熵小的无序程度大的指标更多的权重，因而适合作为为任务与接包方匹配指标客观赋值的一种方法。

本小节将简要介绍这两种比较典型的权重确定方法。

6.2.1.1 层次分析法确定权值

在 20 世纪 70 年代初，美国著名运筹学家 Satty 提出层次分析法（analytical hierarchy process，AHP），是将一个复杂的多方案决策问题作为一个系统，将总目标分解为多准则的若干层次，通过定性指标模糊量化方法算出层次单排序和总排序，以作为多方案优化决策的系统方法，常用来解决综合评价、选择决策方案等问题①。

层次分析法的基本原理是将一个复杂问题分层，一般分为目标层、准则层、方案层等几个层次，最后一层有时也可称为指标层。通过两两比较的方式，比较同层中的两个因素对上一层中某事物的影响的重要性，继而确定该层次中元素的相对重要性，建立判断矩阵。使用数学方法计算将每个层次的判断矩阵归一化处理为各指标的相对重要性权值，进而通过递阶层次计算全部指标对目标的重要程度权数。步骤算法如下。

（1）构造判断矩阵。

设某一层中的指标为 $U_i(i=1,\ 2,\ \ldots,\ n)$，将指标 U_i 对上一层中的父指标 A_m 的重要性与指标 U_j 对父指标 A_m 的重要性进行对比，得到相对重要性 U_{ij}， 比例标度参照 Saaty 1-9 比率标度法，如

① Saaty T L. The Analytic Hierarchy Process：Planning，Priority Setting，Resource Allocation［M］. New York：Mcgraw-Hill，1980.

表 6-1 所示。

表 6-1 **相对重要性比例标度**

指标 U_i 与指标 U_j 对比	极重要	很重要	重要	略重要	同等	略次要	次要	很次要	极次要
相对重要性 U_{ij}	9	7	5	3	1	1/3	1/5	1/7	1/9

由此构造判断矩阵如下：

$$P = \begin{bmatrix} u_{11} & u_{12} & \cdots & u_{1n} \\ u_{21} & u_{22} & \cdots & u_{2n} \\ \vdots & \vdots & \ddots & \vdots \\ u_{n1} & u_{n2} & \cdots & u_{nn} \end{bmatrix} \tag{6.1}$$

（2）矩阵归一化处理。

将判断矩阵 P 的各行向量进行几何平均，然后归一化，得到的行向量就是权重向量。算出判断矩阵每一行指标的乘积：

$$M_i = \prod_{j=1}^{n} u_{ij}, \quad i = 1, 2, \cdots, n \tag{6.2}$$

计算乘积的 n 次方根：

$$\overline{W_i} = \sqrt[n]{M_i} \tag{6.3}$$

对向量 $W = \left[\overline{W_1} \quad \overline{W_2} \quad \cdots \quad \overline{W_n}\right] T$ 归一化处理，算出指标权重 W_i：

$$W_i = \frac{\overline{W_i}}{\sum_{i=1}^{n} \overline{W_i}} \tag{6.4}$$

（3）一致性检验。

为验证所得的权重是否合理，还需对判断矩阵进行一致性检验。步骤如下：

计算矩阵的最大特征根：

$$\lambda_{\max} = \frac{1}{n}\sum_{i=1}^{n}\frac{(PW)_i}{W_i}; \tag{6.5}$$

计算判断矩阵的一致性指标：

$$CI = \frac{\lambda_{\max} - n}{n - 1}; \tag{6.6}$$

计算随机一致性比率：

$$CR = CI/RI \tag{6.7}$$

一般来讲，当判断矩阵的一致性比率 $CR < 0.10$ 时，即认为判断矩阵具有满意的一致性，否则需要调整判断矩阵，以使之具有满意的一致性。R. I. 是平均随机一致性指标，可根据阶数在量表中查询，如表 6-2 所示。

表 6-2　　**平均随机一致性指标 R. I. 值**

n	1	2	3	4	5	6	7	8	9	10
R. I.	0	0	0.52	0.89	1.12	1.26	1.36	1.41	1.46	1.49

6.2.1.2　熵权法确定权值

1948 年，Shannon 将熵的概念引入信息论中，作为信息的一个度量①。信息是系统有序程度的一个度量，熵是系统无序程度的一个度量，信息的增加意味着熵的减少。当评价对象在某项指标上的值相差较大时，熵值较小，说明该指标提供的有效信息量较大，该指标的权重也应较大；反之，若某项指标的值相差越小，熵值较大，说明该指标提供的信息量较小，该指标的权重也应较小②。当各评价对象在某项指标上的值完全相同时，熵值达到最大，这意味着该指标未向决策提供任何有用的信息，可以考虑从评价指标体系中去除。熵权法是一种客观赋值的方法，可运用多个指标对多个被

① Shannon C E. A Mathematical Theory of Communication [J]. The Bell System Technical Journal, 1948, 27 (3): 379-423.

② 倪九派，李萍，魏朝富，等．基于 AHP 和熵权法赋权的区域土地开发整理潜力评价 [J]. 农业工程学报，2009，25 (5)：202-209.

评价对象进行评价，也可用于剔除指标体系中对评价结果贡献不大的指标。

计算熵权的步骤如下：

(1) 原始数据矩阵标准化。

设有 m 个指标和 n 个评价对象，可建立原始数据矩阵为：

$$X = \begin{bmatrix} x_{11} & x_{12} & \cdots & x_{1m} \\ x_{21} & x_{22} & \cdots & x_{2m} \\ \vdots & \vdots & \ddots & \vdots \\ x_{n1} & x_{n2} & \cdots & x_{nm} \end{bmatrix} \tag{6.8}$$

矩阵标准化可得：$R = (r_{ij})_{n\times m}$。其中 r_{ij} 为第 j 个评价对象在第 i 个评价指标上的标准值，对正收益性指标而言：

$$r_{ij} = \frac{X_{ij} - \min\limits_{i}\{X_{ij}\}}{\max\limits_{i}\{X_{ij}\} - \min\limits_{i}\{X_{ij}\}} \tag{6.9}$$

对负收益性指标而言：

$$r_{ij} = \frac{\max\limits_{i}\{X_{ij}\} - X_{ij}}{\max\limits_{i}\{X_{ij}\} - \min\limits_{i}\{X_{ij}\}} \tag{6.10}$$

(2) 定义熵和熵权。

第 j 个指标的熵可定义为：

$$H_j = -k\sum_{i=1}^{n} f_{ij}\ln f_{ij} \tag{6.11}$$

其中 $f_{ij} = r_{ij}/\sum_{i=1}^{n} r_{ij}$，$k = \frac{1}{\ln n}$，当 $f_{ij} = 0$ 时，令 $f_{ij}\ln f_{ij} = 0$；

第 j 个熵权可定义为：

$$w_j = \frac{1 - H_j}{m - \sum_{j=1}^{m} H_j} \tag{6.12}$$

其中 $0 \leqslant W_j \leqslant 1$，$\sum_{j=1}^{m} W_j = 1$。

熵权并不是表示决策评估问题中评价指标实际意义上的重要性系数，而是在给定评价对象集后各种评价指标值确定的情况下，各指标在竞争意义上的相对激烈程度。从信息角度考虑，它代表该评价指标在该问题中提供有效信息量的多寡程度，作为一种客观综合评价方法，它主要是根据各指标传递给决策者的信息量大小来确定其权数①。

6.2.1.3 AHP-熵权法

将AHP与熵权法结合起来是为多指标复杂系统分配指标权重的更优办法，一方面避免仅利用AHP法进行价值评价时主观性太强的弱点，同时弥补熵权法缺乏专家经验知识的不足，使评价模型在追求客观实际的同时结合各项目的独特性和专家的经验判断。学者们提出了两种结合方法：

（1）引入加权系数α。

在这里我们引入加权系数α，以综合层次分析法和熵权法所得到的权值②，应用如下公式来确定最后的指标权值W_i：

$$W_i = \alpha \times W'_i + (1 - \alpha) \times W''_i \tag{6.13}$$

其中，W'_i表示由层次分析法得出的权值，而W''_i表示由熵权法得出的权值。当加权系数α的值越大时，主观评论对权值确定的影响越大；反之，客观分析的影响越大。

（2）分层次使用两种方法确定最后的权值。

有学者认为可以利用AHP的层次结构，在准则层对目标层的权重分析中采用层次分析法，在指标层对准则层的权重确定中采取熵权法赋值，最后递阶计算各个指标对目标层的权重③。

6.2.2 TOPSIS多指标决策算法

逼近于理想值的排序方法（technique for order preference by similarity to ideal solution，TOPSIS）是Hwang等提出的一种适用于

---

① 倪九派，李萍，魏朝富，等．基于AHP和熵权法赋权的区域土地开发整理潜力评价［J］．农业工程学报，2009，25（5）：202-209.

② 吕英杰，张朋柱，刘景方．众包模式中面向创新任务的知识型人才选择［J］．系统管理学报，2013，22（1）：63-69.

③ Ngai E W T，Chan E W C. Evaluation of Knowledge Management Tools Using AHP［J］. Expert Systems with Applications，2005，29（4）：889-899.

根据多项指标，对多个方案进行比较选择的分析方法[①]。TOPSIS多指标决策算法根据有限个评价对象与理想化目标的接近程度进行排序，是在现有的对象中进行相对优劣的评价，是一种逼近于理想解的排序法，该方法只要求各效用函数具有单调递增（或递减）性即可[②]。

其中心思想是在设定贴近度的前提下计算每个方案与理想解和负理想解之间的距离。若有一个方案距离理想值最近与负理想值最远，则认为这个方案是最优解。这里的距离是指（加权）欧氏距离，而理想解是一个设想的最好解（方案），它的各个指标值都达到各候选方案中最好的值；负理想解是一个设想的最差解，它的各个指标值都达到各候选方案中最差的值。具体步骤如下：

设有 n 个方案，m 个指标，原始矩阵如下：

$$X = \begin{bmatrix} x_{11} & x_{12} & \cdots & x_{1m} \\ x_{21} & x_{22} & \cdots & x_{2m} \\ \vdots & \vdots & \ddots & \vdots \\ x_{n1} & x_{n2} & \cdots & x_{nm} \end{bmatrix}_{n\times m} \tag{6.14}$$

对数据归一化处理后，得到：

$$Z = \begin{bmatrix} z_{11} & z_{12} & \cdots & z_{1m} \\ z_{21} & z_{22} & \cdots & z_{2m} \\ \vdots & \vdots & \ddots & \vdots \\ z_{n1} & z_{n2} & \cdots & z_{nm} \end{bmatrix}_{n\times m} \tag{6.15}$$

其中：

$$Z_{ij} = \frac{X_{ij}}{\sqrt{\sum_{i=1}^{n} X_{ij}^{\ 2}}}, \quad i = 1, 2, \cdots, n; \ j = 1, 2, \cdots, m \tag{6.16}$$

---

① Hwang C-L, Yoon K. Multiple Attribute Decision Making: Methods and Applications a State-of-the-Art Survey [M]. Heidelberg: Springer-Verlag, 1985.

② 陈雷，王延章．基于熵权系数与TOPSIS集成评价决策方法的研究［J］. 控制与决策, 2003, 18（4）: 456-459.

设理想值为 $Z^+ = (Z_1^+, Z_2^+, \cdots, Z_m^+)$，其中：

$$Z_j^+ = \max\{z_{1j}, z_{2j}, \cdots, z_{nj}\}, j = 1, 2, \cdots, m \quad (6.17)$$

负理想值为 $Z^- = (Z_1^-, Z_2^-, \cdots, Z_m^-)$，其中：

$$Z_j^- = \max\{z_{1j}, z_{2j}, \cdots, z_{nj}\}, j = 1, 2, \cdots, m \quad (6.18)$$

计算各方案到理想值和负理想值的距离：

$$D_i^+ = \sqrt{\sum_{j=1}^{m} (z_{ij} - z_j^+)^2} \quad (6.19)$$

$$D_i^- = \sqrt{\sum_{j=1}^{m} (z_{ij} - z_j^-)^2} \quad (6.20)$$

计算各方案与理想值的相对接近度：

$$C_i = \frac{D_i^-}{D_i^+ + D_i^-}, i = 1, 2, \cdots, n \quad (6.21)$$

C_i 越大，表示方案 i 更接近最优水平，以此排序选出 n 个方案中的最优解。

6.3 方案众包匹配模型的设计

6.3.1 匹配模型建模

知识密集型众包任务和接包方的匹配模型建模的过程可以初步化解为三步：第一步，了解匹配双方需求；第二步，根据双方需求设计实现匹配的流程；第三步，探索信息数据化和实现匹配的科学方法。在知识密集型众包任务与接包方的匹配中，任务发包方最迫切的需求是在众多的接包方中找到能承担并出色完成任务的接包者，而接包方最迫切的需求是从平台的众多任务中找到自己能承担且酬金水平能够接受的任务，两者在人工匹配需求中的最大阻力是信息过载。由于从接包方的需求出发探索两者的匹配不仅涉及接包方的主观动机，数据难以量化，且数据量庞大，难度较大。本章将从任务发包方的需求出发，以为发包方选择最优接包者的角度探索知识密集型众包任务与接包方的匹配方法。

在对一个平台上的接包方与任务进行匹配之前，首先需分清平台上的方案众包的模式，国内众包平台的模式主要分为悬赏模式和投招标模式，两者区别很大，如任务难度的区别，预提交成果完成度的区别，反映在匹配设计过程中的区别主要是酬金金额确定方式。悬赏模式往往在发布任务的同时就公布了悬赏金额，而投招标模式的酬金金额一般由接包方在竞标时提出或在中标后与发包方协商提出。金额确定方式不同对匹配指标设计有影响，本章所设计的模型主要针对投招标模式。

任务与接包方匹配的流程如下：发包方在发布任务后吸引感兴趣的接包方参与任务的竞标，根据任务的要求筛选符合基本要求的接包者后，根据接包方在平台上的历史数据和注册信息，量化为候选人的各项指标数据，再通过 TOPSIS 多指标决策算法得出最优接包方。在使用该算法实现匹配的过程中，需要在平台网站中抓取数据，为接包方设计适合匹配的匹配指标，同时选取合适的权值确定方法确定权值，使用多指标决策算法得出最优解。

6.3.1.1 指标设计原则

匹配指标设计是匹配模型中最核心的部分，决定了将哪些接包方信息纳入匹配指标中，决定着最终匹配结果。匹配指标设计是否合理关系着匹配是否合理、有效、精确。

指标的设计不是简单的堆砌和组合，要求具备合理性、可操作性和系统完整性，具体原则如下：

(1) 合理性：指标的合理性是指在设计指标的过程中，应遵照现实情况和需求，围绕最终的评测目的科学选取合适的指标。指标的选取应注意情境依赖，在不同的平台不同的知识密集型任务类型中，选取能对接包方的能力评估起重要作用的指标，且指标概念无歧义、不重合。

(2) 可操作性：指标的可操作性指构建指标应是可行的，主要包括构建指标数据容易取得和数据可量化两个方面。所需要的数据应尽量有可方便获取和统计的数据来源，且应尽量避免定性指标，或选取可赋值和测算的定性指标。

（3）系统完整性：指标的系统完整性是指应站在整体的高度设计指标，尽量涵盖接包方评估所需要考量的各个方面，全面地反映任务所需的接包方的能力，且在设计过程中，应有层次有关联地安排指标体系，以使其能有清晰的结构。

在下一节中将着重讲解匹配指标的设计。

6.3.1.2 数据处理

在进行匹配之前须针对平台，寻求可抓取的能反映接包方是否与任务匹配的数据，最基础的包括：接包方在平台上的注册信息，接包方在平台上的历史活动数据。接包方数据应以所参与任务为一组。根据可得到的数据设计指标，并将数据转化为指标数值，为算法更加便易，需将其中的负收益性指标转化为正收益性指标。设预处理后的原始数据有 n 条，指标有 m 个，指标矩阵为 X。

6.3.1.3 权值确定

在指标设计完成之后，需要根据实际需要对各指标赋权，本章将采取 AHP-熵权法，结合主客观赋值，确定指标权重。首先将某任务的接包方指标数据处理为正收益值，构造原始指标矩阵，运用上一章中的熵权法，求出客观指标权值 w'_i；而主观指标的计算则采用 AHP 层次法来确定，这样就需要人工判断各层次指标之间的相对重要性。若由任务发布者来判断相对重要性，能准确地体现任务对接包方的要求，但在实际情况中，对发包方来说占用了太多时间，且发包方的判断往往受自身经验限制可能造成误判。所以，在实际情况中，可由专家就该领域该模式的匹配来判断指标相对重要性，计算出各层权数，再通过递层赋权可确定主观指标权值 w''_i；如上章所述，可通过引入加权系数 α，根据式（6.13）将两种权值结合起来，得到最终权值 w_i。

6.3.1.4 算法实现与运算

在获得接包方指标数据和指标权值之后，将原始指标数据 X 根据式（6.16）归一化处理为标准矩阵 Z，再将 Z 中的标准指标值分别与求得的最终权值相乘，得到加权矩阵 Y，其中：

$$y_{ij} = x_{ij} \times w_i, \ i = 1, 2, \cdots, n; \ j = 1, 2, \cdots, m \quad (6.22)$$

得到 Y 后就可根据公式（6.17）与（6.18）得到正理想解 Z^+ 和负理想解 Z^-，继而通过公式（6.19）（6.20）和（6.21）得出各方案与正理想解的相对近似度 C_i ，C_i 最大的候选者就是该匹配模型下的最优接包方。

6.3.2 匹配指标设计

完整的匹配指标体系要求有依照一方需求以初步筛选的指标和对另一方进行评估的指标。

6.3.2.1 根据任务要求的筛选条件

平台上的接包方众多，对每一个接包者进行评估是不实际也是不需要的，根据任务的一些基本要求筛选接包方，可以缩小选择范围，提高匹配效率，符合实际情境。因而筛选条件不仅需要参考接包方的信息，还需要反映任务的要求，另外指标应该能明确地排除不合适的接包方。基本的条件应有：任务与接包方的知识领域是否在同一大类中；任务对接包方的交易保证等要求是否达到；任务要求接包方快速响应联系的时间是否能达到。

接包方自主选择参与任务在一定程度上能起到时间上和知识领域上的筛选作用，并且不需要我们额外考虑接包方的动机因素。这些主动参与竞争的接包方，根据任务要求的进一步筛选能提高匹配效率和精准度，符合现实情况，依然很必要。不同的平台能给出的筛选条件不同，如一品威客网给出了对能力品级和 VIP 的筛选，猪八戒网给出了对接包方是否保证完成保证原创，以及接包方是否实名认证和手机绑定的筛选，在实际的匹配过程中应依具体情况而定。

6.3.2.2 接包方评估过程中的指标

评估过程中的指标是为了从众多接包方中找出最优人才而设定的，要求能反映接包方各个方面的能力。参考工作导向的胜任力模型，我们将评估接包方的指标分为三类，即：知识水平，服务能力，诚信状态。另外，由于发包方有经济方面的考虑，还需加入酬金差额这一指标，如表6-3所示。

表6-3 **知识密集型众包任务与接包方的匹配指标体系**

目标	知识密集型众包任务与接包方的匹配指标体系														
一级指标	知识水平							服务能力					诚信状态			酬金差额
二级指标	知识领域	参与任务数	中标任务数	入围任务数	平均中标率	雇佣任务数	任务收入	任务完成率	退款纠纷率	好评率	交流次数	联系绑定	实名认证	交易保证	保证金	酬金差额

（1）知识水平：反映接包方所具备的知识水平能够胜任该任务的指标。指标可包括：

①知识领域：指标用于计量接包方擅长的专业知识与任务所要求的专业知识的符合程度。一般可通过对接包方的档案、参与任务的知识领域来计量，如在猪八戒网上提供了接包方在各个领域里成功交易的收入在总收入中的占比。且知识领域越贴合，说明接包方的知识水平越能胜任该任务。

②参与任务数：指接包方以往参与的该知识领域大类的任务数，一定程度上反映出接包方在网站上的积极性，参与任务数多，表明接包方在该知识领域有一定的专业能力。

③中标任务数：指接包方参与的任务的中标数，一般来说，越优秀的接包方中标任务数越多，因而该指标能较集中地反映接包方的专业知识水平。

④入围任务数：投招标和比稿等形式的众包模式不仅会选出最终的接包方，有时为了更好地比较和深入沟通，也会选出一两个备选入围的接包方，接包方入围数与中标任务数类似，也能反映接包方的专业知识水平。

⑤平均中标率：指该接包方的所有中标任务的中标率的平均值。平均中标率越高表明中标任务的竞争强度越大，一定程度上表

明该接包方在众多人选中的专业能力较强。中标率越低，竞争程度越激烈，说明最终中标的接包方能力越强。

⑥雇佣任务数：在某些众包平台，如猪八戒网，平台能为用户提供悬赏、投招标、雇佣等多种合作方式，雇佣任务数越多，表明在过去接包方能吸引更多的发包方对其直接雇佣，从侧面反映了该接包方的专业能力较高。

⑦任务收入：指接包方参与同一知识领域大类的任务所获得的总收入。一般来说收入越高说明接包方在平台的活跃时间越长，中标的频次越多，体现出接包方的专业能力越强。

（2）服务能力：反映接包方能否圆满且高效地完成发包方要求的能力的指标。指标可包括：

①任务完成率：指接包方在以往中标任务中，在规定时间内完成任务的频率。接包方中标后是否能够按时完成任务对发包方如何评价接包方有很大的影响。任务完成率高表明接包方服务能力强。

②退款纠纷率：指接包方在与发包方达成交易协议后因纠纷或其他原因不得不中断交易的频率。一般来讲退款纠纷率越低说明接包方的服务能力越强。

③好评率：指接包方以往完成中标任务后发包方对任务完成情况的满意度的平均评分。该指标表明其他任务的发包者对该接包方以往完成任务的满意程度。好评率越高，表明接包方服务能力越强。

④交流次数：指接包方在以往中标任务中与发包方进行交流的次数。接包方与发包方之间的交流可推进任务更优更快地完成，接包方与发包方相互交流的次数越多，一定程度上表明接包方在完成任务的过程中更积极地与发包方合作，服务能力更强。

⑤联系绑定：指接包方在平台上绑定的联系方式是否能使发包方及时联系到接包方。主要包括绑定手机、绑定邮箱，有时接包方还会提供 QQ 或微信等联系方式。

（3）诚信状态：反映接包方是否诚信地完成任务的指标。指标可包括：

①实名认证：指接包方是否实名认证。当接包方实名认证时，发生权益纠纷，追责更有保证，发包方更信赖已经进行了实名验证的接包方。

②交易保证：指接包方在平台上做出的保证的数量，如保证完成、保证售后、保证原创等。保证数越多，接包方自愿承担的责任越多，服务质量更好。

③保证金：指接包方交付平台保管的保证金的数额，当保证金越高时，发包方利益被侵犯时获得的补偿越多，发包方更信赖保证金充足的接包方。

（4）酬金差额：指接包方以往参与任务的平均赏金与任务拟发放的赏金之差，表明接包方可接受的赏金价格与任务能发放的酬金之间的匹配程度。酬金差距离越小，发包方更倾向于选择该接包者。

如上所述的指标，构成了如表6-3所示的匹配指标层次体系。值得注意的是，在实际运用中，这些指标尤其是二级指标并不是固定不变的，根据不同平台和众包模式的不同可以对指标做出调整。如在知识水平的各个指标中，中标任务数、入围任务数和雇佣任务数都是在同一个角度反映接包方的知识水平，在一些不提供入围模式和雇佣模式的平台，只需用中标任务数就可反映接包方知识水平。如在酬金已定的赏金任务中不再需要酬金水平这个一级指标，而在投招标的任务中由于任务酬金价格还需中标者和发包方商议，发包方更倾向于选择单笔平均酬金价格低的接包方。

6.4 匹配模型应用实例

6.4.1 数据采集和处理

数据的采集和处理要求数据容易获取且数据量较丰富，在考察国内几个主要众包网站之后，本章选取猪八戒网作为匹配模型准确性验证和实例应用的数据来源，针对该网站所能得到的数据设计完善的指标体系，实现任务与接包方的匹配。

6.4.1.1 猪八戒网相关介绍

猪八戒网是中国领先的服务众包平台，由原《重庆晚报》首席记者朱明跃创办于2006年，服务交易品类涵盖创意设计、网站建设、网络营销、文案策划、生活服务等多种行业。猪八戒网上的知识密集型众包模式分为悬赏比稿和投招标两种，相比于投招标模式，在比稿的模式中接包方可提交较高完成度的成果，发包方对接包方的评估不仅包括接包方的历史信息，还包括稿件的质量。因此在准确性验证的过程中，应使用投招标模式下的接包方数据，以避免稿件质量对发包方最终选择的干扰。猪八戒网还为发包方提供了直接雇佣接包方的功能，因此接包方的雇佣数据也可用到参与者的匹配模型中。

6.4.1.2 数据采集

以任务为单位采集参与者数据，反映接包方能力的可采集的接包方原始数据如表6-4所示。其中，网站自主分析数据如店铺等级、店铺综合评分、服务商冠级等数据由于数据来源与原始数据重叠，故不应用于指标数值中。

表6-4 **猪八戒网任务与参与者数据描述**

数据	数据描述
交易收入 $D1$	接包方近三月收入
交易量 $D2$	接包方近三月交易量
退款率 $D3$	接包方近三月退款交易数在总交易数中的占比
纠纷率 $D4$	接包方近三月纠纷交易数在总交易数中的占比
好评率 $D5$	接包方参与的所有任务的发包方对其评价中的好评占比
交易保证 $D6$	接包方在平台中所做的交易保证的条数，如保证完成、保证原创、保证维护、保证交付源码等
保证金 $D7$	指接包方交给平台以用于担保的金额
中标任务数 $D8$	接包方在平台中参与任务的中标数
雇佣任务数 $D9$	接包方在平台中被雇佣完成任务的数量

续表

数据	数据描述	
实名认证 D10	接包方在平台中是否实名认证，否设为 0，个人认证设为 1，企业认证设为 2	
联系绑定 D11	接包方在平台上绑定的联系方式条数	
相关领域交易金额 D12	知识领域 1	接包方在该领域的交易金额 D12-1
	知识领域 2	接包方在该领域的交易金额 D12-2
	……	……
中标任务及任务中标率 D13	中标任务 1	该任务中标接包方与总参与者的比例 D13-1
	中标任务 2	该任务中标接包方与总参与者的比例 D13-2
	……	……
任务知识领域 D14	任务所属的知识领域	
任务赏金 D15	发包方在发布任务时拟发放的赏金	

为匹配任务与接包方知识领域，还需在猪八戒网上采集知识领域分类信息，采集到的领域信息如附录 B 所示。

6.4.1.3 指标确定与数据处理

根据可采集可处理的接包方数据，可确定猪八戒网上的匹配指标体系如图 6-1 所示。其中部分数据可直接转化为指标值，其指标值对应数据处理方式如表 6-5 所示，而指标“知识领域（U1）”“平均中标率（U3）”“任务收入（U5）”“酬金差额（U12）”需要进一步处理得出。

（1）知识领域（U1）。

设在采集到接包方擅长的知识领域中与任务的二级知识领域相同的为知识领域 X，与任务一级知识领域相同的是知识领域 Y_i（$i=1, 2, \cdots$），与任务知识领域大类相同的是知识领域 Z_j（$j=1, 2, \cdots$），在计算知识领域贴合程度时，需计算各知识领域交易额在总交易额 D12 中的占比，并为知识领域 X 设贴合度为 1，为知识领域 Y_i 设贴合度为 0.5，为知识领域 Z_i 设贴合度为 0.1，即：

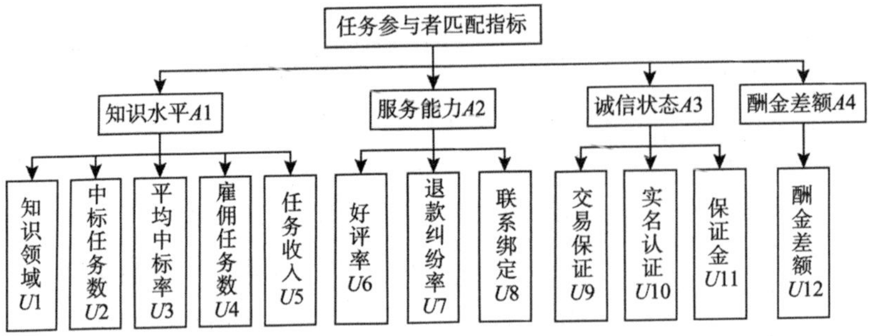

图 6-1　任务参与者匹配指标体系

$$U1 = (1 \times D12 - X + \sum_{i=1} 0.1 \times D12 - Y_i + \sum_{j=1} 0.1 \times D12 - Z_j)/D12 \tag{6.23}$$

(2) 平均中标率（U3）。

平均中标率表示的是接包方所参与的任务的平均竞争程度，中标率越低说明竞争越激烈，接包方能力越强，对数据的处理如下：

$$U3 = (\sum_{i=1}^{n} D13 - i)/D8 \tag{6.24}$$

当接包方没有历史任务时，默认平均中标率为 1。

(3) 任务收入（U5）。

$$U5 = D12 - X + \sum_{i=1} D12 - Y_i + \sum_{j=1} D12 - \mathrm{Zi} \tag{6.25}$$

(4) 酬金差额（U12）。

任务的赏金与接包方酬金水平越贴合，则说明接包方越适合该任务，因此：

$$U12 = |D15 - D1/D2| \tag{6.26}$$

表 6-5　**指标数值数据处理**

指标	数据	指标	数据	指标	数据
$U1$	式（6.23）	$U5$	式（6.25）	$U9$	$D6$
$U2$	$D8$	$U6$	$D5$	$U10$	$D10$
$U3$	式（6.24）	$U7$	$D3+D4$	$U11$	$D7$
$U4$	$D9$	$U8$	$D11$	$U12$	式（6.26）

6.4.2 匹配模型的具体操作

在上一节对指标操作的基础上，本节将以实际数据为例，讲述如何使用上一节介绍的算法处理从猪八戒网获得的数据。

6.4.2.1 原始数据采集与预处理

通过八爪鱼采集器得到猪八戒网某任务的任务数据和接包方数据后，需要根据任务的一些属性对接包方进行筛选：根据任务的知识领域删除没有参与过该知识领域大类的接包者；删除超过联系时间系统自动淘汰发包方已无法合作的接包者。发包方在发表任务时，对接包方还有交易保证和联系绑定的要求，但在猪八戒网上，未满足要求的用户是无法投标的，因此通常在投标之后实际上已经达到了一定程度的筛选。

针对该单组实验对接包方筛选后得到的接包者指标数据如表6-6所示：

表 6-6 猪八戒网某任务的接包方指标原始数据

	$U1$	$U2$	$U3$	$U4$	$U5$	$U6$	$U7$	$U8$	$U9$	$U10$	$U11$	$U12$
1	0. 5185	14	0. 1707	3	56900	100%	0. 00%	2	3	2	7000	1694
2	0. 7917	13	0. 5592	1	3600	100%	3. 45%	2	3	1	3000	897
3	0. 6251	15	0. 5392	9	14402	100%	0. 75%	2	3	1	3000	512
4	0. 6629	66	0. 2864	67	99160	98%	0. 00%	2	3	1	5000	2802
5	0. 5129	13	0. 4220	59	63980	100%	8. 97%	2	3	2	4000	453
6	0. 8669	19	0. 5006	28	33050	100%	29. 18%	2	3	1	3000	634

根据上表构建的原始数据矩阵如下：

$$X=\begin{bmatrix} 0.5185 & 14 & 0.1707 & 3 & 56900 & 1 & 0 & 2 & 3 & 2 & 7000 & 1694 \\ 0.7917 & 13 & 0.5592 & 1 & 3600 & 1 & 0.0345 & 2 & 3 & 1 & 3000 & 897 \\ 0.6251 & 15 & 0.5392 & 9 & 14402 & 1 & 0.0075 & 2 & 3 & 1 & 3000 & 512 \\ 0.6629 & 66 & 0.2864 & 67 & 99160 & 0.98 & 0 & 2 & 3 & 1 & 5000 & 2802 \\ 0.5129 & 13 & 0.4220 & 59 & 63980 & 1 & 0.0897 & 2 & 3 & 2 & 4000 & 453 \\ 0.8669 & 19 & 0.5006 & 28 & 33050 & 1 & 0.2918 & 2 & 2 & 1 & 3000 & 634 \end{bmatrix}$$

6.4.2.2 权值确定

（1）通过层次分析法（AHP）得到主观赋值的权值。

运用层次分析法需要专家对各指标的相对重要性做出判断，专家应当对任务的需求十分了解，并以此判断接包方的各个指标的相对重要性，可以是众包平台上的发包方，也可以是从事众包研究的研究人员。在本次的实际应用时，我们尝试使用问卷调查的方法，向平台上的发包方发放问卷，但问卷却难以发放到发包方手中；另外，相关文献在接包方指标重要性上的研究也较少。限于本研究的实际情况，这里的专家打分由课题组成员和相关学术同行共同完成。获得的判断矩阵如表6-7、表6-8、表6-9和表6-10所示。

表6-7 知识水平子指标对知识水平的相对重要系数

相对重要性	*U*1	*U*2	*U*3	*U*4	*U*5
*U*1	1	1/6	1/5	1/2	1/5
*U*2	6	1	2	4	3
*U*3	5	1/2	1	3	1
*U*4	2	1/4	1/3	1	1/3
*U*5	5	1/3	1	3	1

表6-8 服务能力子指标对服务能力的相对重要系数

相对重要性	U6	U7	U8
U4	1	1/3	1
*U*5	3	1	3
*U*6	1	1/3	1

表6-9 诚信状态子指标对诚信状态的相对重要系数

相对重要性	*U*9	*U*10	*U*11
*U*7	1	3	1/3
*U*8	1/3	1	1/5
*U*9	3	5	1

表 6-10　　一级指标对最终匹配的相对重要系数

相对重要性	$A1$	$A2$	$A3$	$A4$
$A1$	1	5	7	9
$A2$	1/5	1	3	7
$A3$	1/7	1/3	1	5
$A4$	1/9	1/7	1/5	1

由此可得各级指标权重如表 6-11 所示。

（2）通过熵权法求出客观赋值的权值。

我们通过八爪鱼采集到了 798 位参与者的历史数据，并将其处理为指标数值。运用式（6.9）、式（6.10）、式（6.11）和式（6.12）可得到权值，如表 6-12 所示。

引入加权系数 $\alpha=0.5$，根据式（6.13）得到加权后最终的指标向量 W，如表 6-13 所示。

6.4.2.3　TOPSIS 求得最优解

将原始矩阵根据式（6.16）归一化为标准矩阵后，根据式（6.22）可得到加权矩阵 Y：

$$Y=\begin{bmatrix} 0.0122 & 0.0057 & 0.0761 & 0.0165 & 0 & 0.0094 & 0.0155 & 0.0077 & 0.0509 & 0.0089 \\ 0.0400 & 0.0019 & 0.0048 & 0.0165 & 0.0069 & 0.0094 & 0.0155 & 0.0039 & 0.0255 & 0.0047 \\ 0.0386 & 0.0172 & 0.0193 & 0.0165 & 0.0015 & 0.0094 & 0.0155 & 0.0039 & 0.0255 & 0.0027 \\ 0.0205 & 0.1277 & 0.1326 & 0.0162 & 0 & 0.0094 & 0.0155 & 0.0039 & 0.0424 & 0.0147 \\ 0.0302 & 0.1125 & 0.0856 & 0.0165 & 0.0179 & 0.0094 & 0.0155 & 0.0077 & 0.0339 & 0.0024 \\ 0.0358 & 0.0534 & 0.0442 & 0.0165 & 0.0581 & 0.0094 & 0.0155 & 0.0039 & 0.0255 & 0.0033 \end{bmatrix}$$

由式(6.17)、式(6.18)可得正理想解为：

$$Z^{+}=[0.0195\quad 0.2178\quad 0.0122\quad 0.1277\quad 0.1326\quad 0.01650\quad 0.0094\quad 0.0155\quad 0.0077\quad 0.0509\quad 0.0024]$$

由式(6.18)可得负理想解为：

$$Z^{-}=[0.0116\quad 0.0429\quad 0.0400\quad 0.0019\quad 0.0048\quad 0.0162\quad 0.0581\quad 0.0094\quad 0.0155\quad 0.0039\quad 0.0255\quad 0.0147]$$

表 6-11　　猪八戒网匹配指标 AHP 权值

一级指标	$A1$					$A2$			$A3$			$A4$
	0. 6319					0. 2017			0. 1311			0. 0354
二级指标	$U1$	$U2$	$U3$	$U4$	$U5$	$U6$	$U7$	$U8$	$U9$	$U10$	$U11$	$U12$
	0. 0495	0. 4184	0. 2317	0. 0869	0. 2136	0. 2000	0. 6000	0. 2000	0. 2583	0. 1047	0. 6370	1
W_i'	0. 0313	0. 2644	0. 1464	0. 0549	0. 1350	0. 0403	0. 1210	0. 0403	0. 0339	0. 0137	0. 0835	0. 0354

表 6-12　　猪八戒网各指标熵权法权值

W_1'	W_2'	W_3'	W_4'	W_5'	W_6'	W_7'	W_8'	W_9'	W_{10}'	W_{11}'	W_{12}'
0. 0433	0. 2239	0. 0066	0. 3037	0. 2284	0. 0404	0. 0013	0. 0058	0. 0421	0. 0131	0. 0896	0. 0017

表 6-13　　猪八戒网各指标最终权值

W_1'	W_2'	W_3'	W_4'	W_5'	W_6'	W_7'	W_8'	W_9'	W_{10}'	W_{11}'	W_{12}'
0. 0373	0. 2442	0. 0765	0. 1793	0. 1817	0. 0404	0. 0612	0. 0231	0. 0380	0. 0134	0. 0865	0. 0185

由式（6.19）、式（6.20）、式（6.21）可得各参与者指标与正理想解的距离 D^+ 、与负理想解的距离 D^- 、相似近似度 C，如表 6-14 所示：

表 6-14 **各参与者的 D^+、D^- 和 C 的取值**

接包方 i	D^+	D^-	C
1	0.2182	0.0997	0.3136
2	0.2534	0.0526	0.1718
3	0.2340	0.0620	0.2093
4	0.0181	0.2584	0.9344
5	0.1844	0.1439	0.4382
6	0.2049	0.0693	0.2528

由 C 值可知编号为 4 的接包者是最优接包方，而在实际情况中，发包方在人工判断下也选择了该接包方，因此在本次计算中，上文提出的算法正确地识别出对于该特定任务的最优接包方。

6.4.3 匹配模型实例验证

为验证匹配模型准确性，拟使用该匹配模型为知识密集型众包任务选出最优接包方，并与人工选择的结果进行比较。

6.4.3.1 实验任务选取原则

为保证人工选择结果的正确性，继而保证匹配模型准确率的可信度，在选择进行准确性验证的任务时，应遵循以下原则：

（1）任务模式应为投招标模式。

猪八戒网上的知识密集型众包的交易模式主要有比稿和招标两种。在比稿模式中，发包方对接包方能力的判断不仅来自于接包方的数据，而且更多依赖于稿件质量，与匹配模型的判断方式不同。因此，在准确性验证的过程中，我们选择投招标模式下的任务进行数据采集。

（2）参与投标的接包人总数应较少。

在候选人数目较少的情况下，通过平台上呈现的接包方信息，发包方有能力从候选者中以人工的方式找出最优的接包方。但当候选人数很多的情况下，发布方受信息过载的影响，既没有精力查看和比较所有接包方的数据，也没有通过大量的信息得出最优解的判断力，人工选择的结果就丧失了准确性，从而无法为模型计算结果的准确度提供参照。我们拟选取投标人数为 3～25 的任务，计算在不同投标人数下的众包任务的计算准确率。

（3）发包方在现实世界中不了解或不认识任何参与任务的参与者。

在准确性验证的任务中，应保证发包方只能根据目前接包方在网上提供的各种公开信息进行参与者的选择。例如，某个发包方与某个接包方曾经合作过，留下了良好的印象，在下一次选择时，该发包方倾向于根据自己的经验选择这个合作过的接包方，而不是根据该候选人在所有候选人中的总体实力的高低来决定。因此，在本次验证过程中排除了所有发包方与所选择的接包方曾经有过合作的任务样本。

（4）进行检验的任务应尽可能是最近发布的任务。

随着时间的推移，接包方信息会产生变化，但是各大众包平台均只提供当前时刻的数据，而不提供某个历史时刻的数据。即在匹配实验中所采集到的当前的数据可能与发包方在进行人工选择的时候看到的数据有所不同。因此，在挑选进行检验的任务时应尽可能是最近发布的任务。考虑到匹配的实际情况，我们采集了最近半年的任务数据进行实验。

6.4.3.2 实例验证结果与分析

根据上述原则，我们通过八爪鱼采集器在猪八戒网上爬取了招标模式下的 63 个已完成的任务，以上一节讲述的方法计算出最优解，与人工选择的结果进行比较。按参与人数分类的结果如表 6-15 所示。

表 6-15　　　　匹配模型准确率结果

参与人数	任务个数	匹配准确	匹配不准确	准确率
3～5	16	14	2	87.50%
6～10	30	15	15	50.00%
11～15	14	2	12	14.29%
15～20	2	0	2	0.00%
20 以上	1	0	1	0.00%
总数	63	31	32	49.21%

由表可看出，投标人数在 5 人之内的有 11 个任务，此时模型运算拟合人工选择的水平最高，为 87.50%。但当投标人数逐渐增加时，准确率渐渐降低，投标人数超过 7 个后，准确率开始大幅降低。我们假设发包方在候选人数量越少时越能准确判断最优的接包方，即参与者在 5 人之内的人工判断是比较正确的，则从数据可知模型判断的结果在很大程度上也是正确的。由于算法的准确度不会像人工方式那样受到信息过载的影响，在候选人数量更多的情况下，我们依然可以信任该匹配算法得到的结果，继而推测准确率降低的原因可能是信息过载带来的人工选择正确率降低的结果。

通过观察不同参与人数的任务的匹配准确率，我们可以进一步了解参与人数到达多少后，信息过载开始给发包方的准确判断造成影响，参与人数与准确率的关系如图 6-2 所示。由图可以看出，候选人数在 7 或 8 时，从较高的准确率开始下跌至 50%左右，随后准确率继续下跌，直至候选人数达到 15 后降为 0。这表明当接包方人数达到 7 或 8 时，发包方开始明显地受到信息过载的影响，判断力开始严重下降，当接包方人数达到并超过 15 时，发包方已经几乎不能通过人工的方法挑选出最优的接包方了。

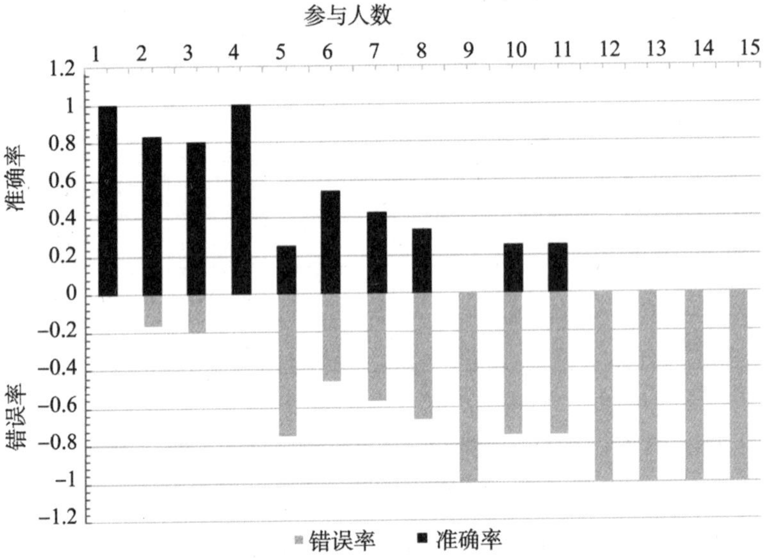

图 6-2　参与人数与正确率的关系图

6.5　结论

本章从为知识密集型众包任务寻找接包方的角度，探究了知识密集型众包任务与接包方的匹配方法，并建立一个针对某个网络众包平台的切实可用的匹配模型，然后以平台上的实例来验证匹配模型的准确性。通过对现有权值确认方法和多指标决策算法的学习和借鉴，我们建立了反映任务需求的筛选指标体系和反映接包方能力的匹配指标体系，并通过对现有权值确认方法和多指标决策算法的学习和借鉴，寻求到以 AHP-熵权法确认权值、以 TOPSIS 解得最优解的匹配模型。最后，通过将匹配模型应用到实例数据中，验证了其准确性。此外，由于该模型在匹配时间上的优势，从保持流程有效性的角度上对流程柔性做出了贡献。

该匹配模型对优化众包平台服务、促进众包模式的发展具有现实意义。首先，它能集中解决发包方在选择最优接包方时的信息过载问题。通过应用该模型，在任务结束征求参与者后，众包平台可向发包方自动推荐最佳参与者，帮助发包方在信息过载的情况下做出最正确的决策，提高众包平台服务质量。值得注意的是，在实际应用中，平台所获得的接包方和任务的数据更多，与本章的实例应用相比，能纳入更全面的指标数据。例如，在计算知识领域这一指标值时，可根据接包方提供的履历设计指标，指标体系的设计还需根据能获得的数据进行调整。

本章所建立的匹配模型中也存在着一些不足。首先是任务对参与者的要求反映不够充足。在平台上我们能直接获取的信息更多的是任务需求的文字描述，从任务需求的文字描述中分析出任务难度的信息、任务对参与者要求的信息，依然是现今众包领域研究的难点。由于任务对接包方要求反映不足，该模型更侧重于在不同接包者之间进行的评估和选优，指标中能反映单个任务特点以达到匹配目的的只有知识领域和酬金水平。其次，本章的实例验证过程要求采集和处理大量任务数据与接包方数据，如为计算平均中标率需采集每个接包方参与的每个中标任务的参与数和中标数，并汇总计算中标率。但受条件限制，没能采集足够的任务数据进行分析，导致样本数量较小，对验证的可信度有一定的影响。最后，接包方的指标数据大多来源于网站历史信息，但接包方在网站上活动的时间越长，某些数据如中标数、雇佣数、总收入等数值越大，在这种情况下，新进入的接包方没有足够的数据反映其实力，对新的接包方产生了壁垒，不利于该模式的健康发展。因此众包匹配模型应更多纳入接包方在平台外的信息，如注册信息等，或在其他平台上的诚信数据、社交数据等，这需要在某个领域内建立一个数据共享、信息共用的体系，这也是现在互联网行业所努力的方向。目前开始流行的区块链等技术也许会成为解决该问题的出路。

未来众包匹配模型的研究方向可从任务属性的分析上找寻突破，如任务难度的分析，这可能需要探究任务领域、任务描述、发包方信息之间的关系，还需要语义分析等相关研究的支持。另外，对任务与接包方匹配的研究还可从接包方的角度出发，以在众包网络平台上为参与者推荐适合参与的任务为目的，建立可计算得到该接包者能胜任并最可能中标的任务，这涉及任务难度分析，接包方的动机、行为和能力评估等研究，同样需要语义分析、推荐算法等相关研究的支持。

7 社会化业务流程管理

近年来，随着大数据和互联网+的不断发展，面对快速变化的外部及内部环境，企业的业务流程需要进行迅速的调整与变化。传统的业务流程管理面临着模型与实现隔离、信息传递阈值过高、缺乏创新、缺少信息融合等问题①。而社交网络的兴起，将人员和人员关系融合到业务流程管理当中，为解决传统业务流程管理的问题提供了新思路，同时也提供了一种可能更加具有柔性能力的业务流程管理范式。本章就该方向的最新发展通过文献综述的方式进行介绍。

社会化业务流程管理（Social BPM）是当前业务流程研究中的新热点，对其尚缺乏较为全面的总结和综述。由于社会化业务流程管理的研究积累较少，该研究尚未形成体系，其研究现状还没有较为全面的总结和阐释，对于社会化业务流程管理的定义也较为模糊。因此，为了明确社会化业务流程管理的定义，了解当前社会化业务流程管理研究的最新动态和研究主题，以及其研究的局限和挑战，本章从 Web of Science 等 7 个数据库中，选取 2007—2017 年间研究社会化业务流程管理的 40 篇相关文献，采用 Kitchenham 和

① Schmidt R, Nurcan S. BPM and Social Software [C]. Business Process Management Workshops, 2008: 649-658.

Charters 提出的系统文献综述方法[①]，理清了在当前研究中较为模糊的社会化业务流程管理的定义；从 BPM 生命周期的角度，发现当前大部分研究集中在社会化业务流程管理的设计和实施阶段，对配置和评价阶段的研究则相对较少；明确当前研究主题主要以概念研究为主，融合方法研究和实证研究为辅。基于以上研究发现，针对未来研究提出加强社会化业务流程管理平台实证研究，以丰富研究领域，建设社会化业务流程管理主题研究框架的建议。

7.1 传统业务流程管理方法的局限

在本书开篇我们曾提到，业务流程管理通常定义为跨职能业务活动的设计、执行和优化，这些业务活动由人员、流程和功能组成，它是以流程为核心的一套管理体系，密切关注流程是否增值，并对流程的全生命周期进行有效管理[②]。

以上定义强调了人员，即业务流程的执行者在业务流程管理中的重要性，然而传统的业务流程管理往往忽视了人员和人员关系的作用，随着企业内部和企业间社交网络环境的出现，使得传统的业务流程管理面临着如下四个问题[③④⑤]：

①模型与实现隔离：传统的业务流程一般由企业集中定义，由

① Kitchenham B, Charters S. Guidelines for Performing Systematic Literature Reviews in Software Engineering (Version 2.3) [R]. Keele University, 2007.

② Business Process Management (BPM) [EB/OL]. https://www.forrester.com/Business-Process-Management-(BPM).

③ Kocbek M, Jošt G, Polančič G. Introduction to Social Business Process Management [M] //Uden L, Heričko M, Ting I-H. Knowledge Management in Organizations. Heidelberg: Springer, 2015: 425-437.

④ Pflanzl N, Vossen G. Challenges of Social Business Process Management [C]. 47th Hawaii International Conference on System Science, 2014: 3868-3877.

⑤ Bruno G, Dengler F, Jennings B, et al. Key Challenges for Enabling Agile BPM with Social Software [J]. Journal of Software Maintenance and Evolution: Research and Practice, 2011, 23 (4): 297-326.

内部员工执行。然而一旦出现业务流程模型设计良好，但员工不接受业务流程管理部门或顾问创建的模型的情况，将使得模型在实践中无法被使用，从而导致抽象的流程模型和现实流程的隔离。

②信息传递阈值过高：传递改进流程的信息，对于用户或者流程执行者来说，需要付出过多的努力，才能使信息传递到相关负责人，且将来对信息的处理是不透明的，信息的传递受到严格的管制，因此信息传递的阻碍较大。此外，信息传递阈值过高也使得员工难以将业务流程的改进方案融入整体的流程设计当中，只能采取局部优化的方式来改良流程，使得模型与现实逐渐隔离。

③缺乏创新：传统业务流程的执行者是固定的，而在社交网络的环境下，其执行者可能是不确定的。这使那些后来的流程参与者无法提出他们的创新想法，因此造成有价值的、能改善业务流程的知识流失，导致创新缺乏。

④缺少信息融合：用户没有适当地参与到业务流程管理中，只是作为流程消费者的角色，被迫接受为他们创建好的流程，且术语的统一和知识的整合不是在对等的基础上进行，导致了流程信息缺少融合。

此外，传统的业务流程管理在流程的执行过程中也存在如下问题①②：

①传统的业务流程模型定义良好且完备性高，不适合描述日趋复杂多变的业务流程。

②在社会化协作过程中，很多活动不能事先预知，但事先明确定义活动和顺序是传统业务流程管理的基础。

③流程模型由于与业务流程的耦合性高使得传统的 BPM 系统灵活性差。

---

① Pflanzl N, Vossen G. Challenges of Social Business Process Management [C]. 47th Hawaii International Conference on System Science, 2014: 3868-3877.

② Rangiha M E, Karakostas B: Towards a Meta Model for Goal-Based Social BPM [M] //Lohmann N, Song M, Wohed P. Business Process Management Workshops. Heidelberg: Springer, 2014: 104-112.

市场的快速变化使得企业必须具备迅速抓住消费者需求的能力，为其提供最好的服务，但传统的定义良好的业务流程模型很难适应这种快速复杂的变化，这些问题使得企业很难适应日益变化的社会经济环境。

7.2 社会化业务流程管理的研究背景

近年来，社交网络的兴起为解决传统业务流程管理的问题提供了新思路，许多研究提到了运用社交网络来改进传统的业务流程管理。

社交网络具有以下几个特点：弱连接，社会化生产，集体智慧，服务主导逻辑①。弱连接使处于社会网络中的人员之间能够更容易地获得信息，而无需通过层次化的企业访问信息模式，没有严格的信息管制。由于弱连接能够发现在团队和部门中很难发现的信息，且能够促进信息的传递，因此该特点能够促进业务流程管理的灵活性和创新，并克服信息传递阈值和模型与实现的隔离。社会化生产能够改变传统企业的专利产品创造的模式，社交平台使企业能够与消费者和合作伙伴互动交流，并捕获来自于企业外部的人员对产品的较好想法，生产出在市场上更具竞争力的产品或服务。该特点能够克服 BPM 缺乏创新、缺少信息融合的问题。集体智慧使得决策不再局限于少数专家的意见，而是连接了大众的想法，以做出更优的决策。服务主导逻辑指出消费者更需要的是产品提供的服务，而不仅仅是产品本身，这促使企业与消费者沟通交流以提供服务，传统的商品主导逻辑也被取代，消费者在生产过程中的角色也变成了合作创造者，在一定程度上促进了 BPM 的创新，使得企业能够迅速抓住消费者的需求。

结合上述特点，社会化业务流程的实现过程可描述为：在每一步流程中，基于社交网络，通过合适的网络主体关系，选择合适的

---

① Schmidt R, Nurcan S. BPM and Social Software [C]. Business Process Management Workshops, 2008: 649-658.

主体，来完成该流程节点的事务①。在该过程中充分体现了社交网络的以上几个特点。流程实现过程如图 7-1 所示：

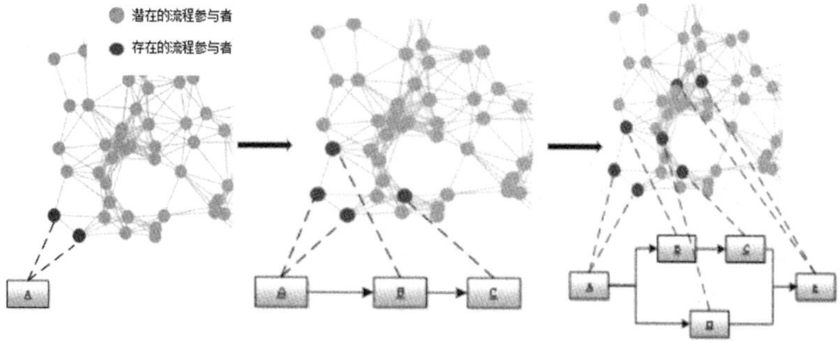

图 7-1 社会化业务流程的实现过程②

社会化业务流程管理具有如下优点：利用社交网络的弱连接和隐含知识，可以发现并利用非正式的知识和社会关系，以提高业务活动的执行效率；提高信息处理透明度使得流程内部的决策程序对于利益相关者来说更加可视化；利用广泛的社交网络参与度可以提高流程结果的认识或接受度；通过网络将更多的参与者纳入到流程活动的分配当中，可以为流程的执行找出适当的执行者③。从 BPM 生命周期的角度看，社会化业务流程管理能够降低或避免传统业务流程管理模型设计与实现阶段分离的问题；在流程设计阶段能够整合利益相关者的观点，降低了信息传递的阈值，使信息贡献和融合

① Gong Y, Janssen M. The Impact of Social Business Process Management on Policy-Making in E-Government [C]. 50th Hawaii International Conference on System Sciences, 2017: 2458-2467.

② Gong Y, Janssen M. The Impact of Social Business Process Management on Policy-Making in E-Government [C]. 50th Hawaii International Conference on System Sciences, 2017: 2458-2467.

③ Gong Y, Janssen M. The Impact of Social Business Process Management on Policy-Making in E-Government [C]. 50th Hawaii International Conference on System Sciences, 2017: 2458-2467.

更容易，同时社交网络能够促进知识和信息的转换，加速决策的形成；在实现和发布阶段能够更好地捕捉限制性事务，保障项目的成功；在评价提高阶段能够加强改善意见的收集，以提高业务流程的性能①。

目前，大部分社会化业务流程管理的研究主要是对其优点和发展过程进行介绍。部分研究基于社会化业务流程管理的基础概念对研究主题进行了扩展，如在实施阶段提出包括建模、标签、制定激励及奖励机制等实现方法、机制和架构。同时有少数文章研究了社会化业务流程管理平台的搭建②、面临的机会及挑战，等等③。作为当前业务流程研究中的新热点，近年来，对社会化业务流程管理的研究呈现出逐年增长的趋势，且研究的内容日趋全面，但现行研究中对社会化业务流程管理的研究现状进行较为全面的总结和阐释的综述性文章较少。为了明晰当前研究中 Social BPM 的定义，了解当前 Social BPM 研究的状态，把握未来社会化业务流程管理研究的方向，本章提出了以下四个研究问题：

研究问题 1（RQ1）：如何对社会化业务流程管理进行定义？

研究问题 2（RQ2）：社会化业务流程管理的研究现状如何？

研究问题 3（RQ3）：社会化业务流程管理的研究主题有哪些？

研究问题 4（RQ4）：当前研究存在的局限和挑战是什么？

下文将围绕这四个问题对社会化业务流程管理这个概念进行辨析，并对当前的研究主题进行分类阐述，同时对当前研究存在的限制和挑战进行总结。

---

① Rangiha M E, Karakostas B: Towards a Meta-Model for Goal-Based Social BPM [M] //Lohmann N, Song M, Wohed P. Business Process Management Workshops. Heidelberg: Springer, 2014: 104-112.

② Santorum M, Front A, Rieu D. ISEAsy: A Social Business Process Management Platform [M] //Lohmann N, Song M, Wohed P. Business Process Management Workshops. Heidelberg: Springer, 2013: 125-137.

③ Pflanzl N, Vossen G. Human-Oriented Challenges of Social BPM: An Overview [C]. The 5th International Workshop on Enterprise Modelling and Information Systems Architectures, 2013.

7.3 文献综述过程

为了更好地解释本章提出的四个研究问题，本章采用Kitchenham和Charters提出的系统文献综述方法①。系统文献综述被定义为一个鉴别、评估和解释与研究问题相关的有效研究、研究领域的过程②。根据Kitchenham和Charters提出的方法，本章的综述过程按照如下步骤进行：①确定研究问题，②建立综述协议，③建立文献包含和排斥的标准，④搜索策略和研究选择，⑤进行质量评估，⑥数据提取和综合。本章将步骤2至步骤5统一到“7.3.1 文献收集方法”章节中，并将对该研究步骤的介绍分成两个部分，分别是文献收集和数据提取与整合。具体过程将在下文中进行阐述。

7.3.1 文献收集方法

在文献收集的过程中，根据本章的研究主题，对以下数据库进行检索：Web of Science，ScienceDirect，Wiley Online Library，Taylor & Francis Online，Springer Link，JSTOR，ACM Digital Library，IEEE Xplore。文献搜索方式采用题目检索，使用检索字符串（“Social” AND （“business process” OR “business process management” OR “BPM”）），并限定检索时间范围为2007—2017年。之后将获得的文献按照其是否与Social BPM相关作为标准进行筛选，最后一共得到48篇与研究主题相关的文献。对这48篇文献进行仔细研读后，又剔除8篇仅在题目上满足题目检索，即包含关键字Social business process management，但与社会化业务流程管理关系较小或研究内容基本重复的文献。最后一共得到40篇文献，

① Kitchenham B, Charters S. Guidelines for Performing Systematic Literature Reviews in Software Engineering (Version 2.3) [R]. Keele University, 2007.

② Okoli C, Schabram K. A Guide to Conducting a Systematic Literature Review of Information Systems Research [J]. SSRN Electronic Jornal, 2010: 1954824.

并对这40篇文献进行数据抽取与整合。

7.3.2 数据抽取与整合

数据抽取的内容如表7-1所示，包括：文章标题，出版时间，出版类型（期刊、会议、研讨会或者其他），研究方法，研究主题等。这些抽取的数据集都与本章的研究问题及目的紧密相关。

表7-1 各研究问题所抽取数据的内容

研究问题	抽取的内容
RQ1、RQ2、RQ3、RQ4	文章标题，出版时间，出版类型，研究主题
RQ1	社会化业务流程管理定义
RQ2	社会化业务流程管理生命周期的阶段
RQ3	研究方法
RQ4	研究方向

对于研究问题1：如何定义社会化业务流程管理，本章抽取的内容为各研究角度下的社会化业务流程管理定义以及其共同点；对于研究问题2：社会化业务流程管理的研究现状，本章抽取的内容为社会化业务流程管理生命周期的阶段，并从业务流程管理生命周期的角度对社会化业务流程管理的研究现状进行说明；对于研究问题3：社会化业务流程管理的研究主题有哪些，文章从当前研究的研究方法切入，对当前研究的主题进行总结；对于研究问题4：当前研究存在的局限和挑战是什么，本章以研究方向为主线提出当前研究存在的局限和挑战。

7.4 研究结果

7.4.1 收集数据的一般性评论

由图7-2可以得出，由于社会化业务流程管理研究处于早期阶段，目前对该领域的研究文献主要在学术会议上出现，这一现象表明当前对 Social BPM 的研究更加偏向于概念性的研究，缺少实证研究。在本章获得的 40 篇文献中，其中有 20 篇是会议文献，8 篇是期刊文献，余下的 7 篇是研讨会文献，5 篇是专著。

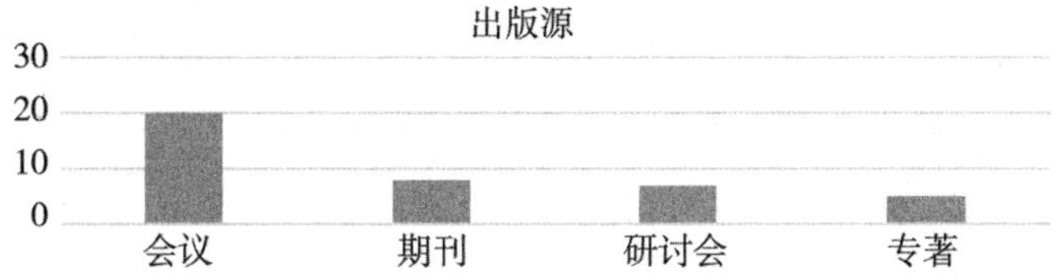

图 7-2　文献出版源的分布

当前研究中，大多数研究采用概念性研究的方法，即 74%的研究采用概念性研究，26%采用实证研究。实证研究中只有 1 个研究是定量研究。由此可见，社会化业务流程管理研究领域的实证研究较少。

7.4.2　社会化业务流程管理的定义

当前的文献对社会化业务流程管理的定义比较模糊。大部分定义是从改进传统 BPM 的角度出发，把社交网络的重要元素运用到业务流程管理的不同阶段。社交网络的基本原则是：自组织和自下而上组织，平等主义，持续和即时的融合和聚合，连续和递归评估，内容和情景被认为是有价值的①。以此为基础，社会化业务流程管理可以被定义为通过应用社交网络及其相关原则，使得所有的利益相关者参与到业务流程管理的生命周期中②③。也有人认为将

① Schmidt R, Nurcan S. BPM and Social Software [C]. Business Process Management Workshops, 2008: 649-658.

② Pflanzl N, Vossen G. Challenges of Social Business Process Management [C]. 47th Hawaii International Conference on System Science, 2014: 3868-3877.

③ Bruno G, Dengler F, Jennings B, et al. Key Challenges for Enabling Agile BPM with Social Software [J]. Journal of Software Maintenance and Evolution: Research and Practice, 2011, 23 (4): 297-326.

Web2.0技术应用到业务流程管理从而产生了社会化业务流程管理，且Web2.0技术是社会化业务流程管理的技术基础，社会化业务流程管理在业务环境中创造知识并对其进行有效的管理①。另有研究认为社会化业务流程管理是社交媒体与业务流程管理结合，从而提高业务流程管理的效率；因此，社会化业务流程管理可以看做是社交技术与业务流程管理的联合②。Lee等认为通过提供可扩展的通信工具，非正式的数据处理功能和基于知识的决策支持，社会化业务流程管理是提高组织绩效的一种工具③。Brambilla和Fraternali认为，社会化业务流程管理是将业务流程管理与社交网络融合在一起，其目的是通过控制企业外部利益相关者参与流程的设计和实施来提高BPM的效率④。

通过以上分析，不难看出不同社会化业务流程管理定义之间的共同点：都利用了某一种技术以提升业务流程管理的效率。社交软件、社交媒体、社交网络、社交技术等概念虽含义不完全相同，但却有着共同的特征——社交，本章将以上概念统称为社会化技术，即社交软件、社交媒体、社交技术、社交网络的集合。据此，本章将社会化业务流程管理定义为利用社会化技术来控制企业内、外部的利益相关者参与到业务流程管理的生命周期中，以提高业务流程

---

① Kocbek M, Jošt G, Polančič G. Introduction to Social Business Process Management [M] //Uden L, Heričko M, Ting I-H. Knowledge Management in Organizations. Heidelberg: Springer, 2015: 425-437.

② Brambilla M, Fraternali P. Combining Social Web and BPM for Improving Enterprise Performances: The BPM4People Approach to Social BPM [C]. The 21st International Conference on World Wide Web 2012: 223-226.

③ Lee J, Jang J, Kim J A. ProcessCodi: A Case Study on Social BPM through Integration of SNS, Mind Map, and BPMS [C]. International Conference on Future Generation Information Technology, 2011: 378-383.

④ Brambilla M, Fraternali P, Vaca C. BPMN and Design Patterns for Engineering Social BPM Solutions [C]. Business Process Management Workshops, 2011: 219-230.

管理的效率的一种管理方式。

7.4.3 社会化业务流程管理的研究现状

通过对40篇文献抽取社会化技术对业务流程管理的支持情况的数据，从生命周期的角度看，在设计阶段社会化技术能够整合利益相关者的观点；在配置阶段能够更好地捕捉限制性信息；在实施阶段能够整理并融合处理在流程执行中产生的知识；在诊断方面能够收集整合信息，使得利益相关者能够评价这些信息。社会化技术在不同生命周期阶段对业务流程管理的支持如表7-2所示：

表7-2 **社会化技术对业务流程管理各生命周期的支持**

生命周期阶段	社会化技术的支持
设计	整合利益相关者的观点
配置	捕捉限制性信息
实施	整理并融合处理在流程执行中产生的知识
诊断	收集整合信息，使利益相关者能够评价这些信息

在当前的研究中，可以发现大部分研究集中在社会化业务流程管理的设计和实施阶段，对配置和诊断阶段的研究则几乎没有。在设计阶段的主要研究对象为建模方法，如通过加入社会化技术的元素来扩展现有的BPMN语言①。在实施阶段，主要研究内容是运用社会化技术的机制和方法，如通过在实施阶段加入社交标签②、流

① Brambilla M, Fraternali P. Combining Social Web and BPM for Improving Enterprise Performances: The BPM4People Approach to Social BPM [C]. The 21st International Conference on World Wide Web 2012: 223-226.

② Rangiha M E, Karakostas B: Towards a Meta-Model for Goal-Based Social BPM [M] //Lohmann N, Song M, Wohed P. Business Process Management Workshops. Heidelberg: Springer, 2014: 104-112.

程推荐和角色指定①、业务流程的奖励和激励机制②等来实现流程管理性能的提高。针对不同业务流程管理生命周期的研究文献如表7-3所示。这些研究通常只针对在传统业务流程管理生命周期的特定阶段将社会化技术引入作为扩展，就业务流程管理的模型与现实之间的差异而言，这些方法将维持流程设计与执行之间明确分离的现状不变。近期的研究中，已经有学者注意到上述问题。例如，Rangiha等提出的框架就针对实际流程中设计和实施阶段的分离问题，该框架通过推荐工具将捕获到的知识加以利用，以支持未来流程的设计和实施③。然而，总的来说，当前对生命周期不同阶段的研究，主要为概念性的研究，即针对所研究的问题，提出一种概念性的解决办法，但是没有实证数据来检验所提出的方法是否可行。

表7-3　社会化业务流程管理的研究在业务流程管理生命周期的分布

研究主要阶段	文献数量	主要内容	相关作者
设计	6	扩展现有BPMN	Brambilla，Rangiha，Lee，Liu等
实施	9	加入社交标签、流程推荐和角色指定、业务流程的奖励和激励机制等	Rangiha，Karni Cerenkovs，Scekic等

① Prpić J，Shukla P P，Kietzmann J H，et al. How to Work a Crowd：Developing Crowd Capital through Crowdsourcing [J]. Business Horizons，2015，58 (1)：77-85.

② Scekic O，Truong H-L，Dustdar S. Modeling Rewards and Incentive Mechanisms for Social BPM [C]. International Conference on Business Process Management，2012：150-155.

③ Rangiha M E，Comuzzi M，Karakostas B. A Framework to Capture and Reuse Process Knowledge in Business Process Design and Execution Using Social Tagging [J]. Business Process Management Journal，2016，22 (4)：835-859.

7.4.4 社会化业务流程管理研究主题

7.4.4.1 概念研究

许多现行的社会化业务流程管理研究都提出了利用社会化技术促进传统的业务流程管理的概念。Johannesson 等在 2008 年提出了一个将社交网络系统与业务流程管理系统结合的新范式，将社交网络系统的相应机制用于业务流程管理以克服其局限性①。同时，Xie 等提出，为了充分利用社交网络的特点，根据面向数据的混搭，提出了与业务流程管理相关的面向流程的混搭，面向流程的混搭可以协调不同的流程编排并支持面向流程的情形②。一些研究主要着眼于传统业务流程管理的不足与社交网络的特点与原则，以及社交网络对业务流程管理生命周期的影响③④，如社交网络能够促进知识和信息的转换，加速决策；同时在流程设计阶段能够更好地整合利益相关者的观点，在实现和发布阶段能够更好地捕捉限制性事情，在评价提高阶段能够加强意见的收集，社交网络能够很好地用于 BPM 的生命周期中，以克服 BPM 模型与现实分离、缺乏创新和信息融合、信息流通阈值过高等缺点⑤。上面提到的文献研究了社交网络对业务流程管理的促进作用，后继的文献出现了关于社交

① Johannesson P, Andersson B, Wohed P. Business Process Management with Social Software Systems-A New Paradigm for Work Organisation [C]. Business Process Management Workshops, 2008: 659-665.

② Xie L, De Vrieze P, Xu L. When Social Software Meets Business Process Management [C]. The 2009 Fourth International Conference on Computer Sciences and Convergence Information Technology, 2009: 238-243.

③ Schmidt R, Nurcan S. BPM and Social Software [C]. Business Process Management Workshops, 2008: 649-658.

④ Bruno G, Dengler F, Jennings B, et al. Key Challenges for Enabling Agile BPM with Social Software [J]. Journal of Software Maintenance and Evolution: Research and Practice, 2011, 23 (4): 297-326.

⑤ Schmidt R, Nurcan S. BPM and Social Software [C]. Business Process Management Workshops, 2008: 649-658.

技术[①]、社交网络[②]和社交媒体[③]对业务流程管理的影响，Web2.0核心模式应用在BPM周期[④]的研究。将社会化技术用于业务流程管理，使得业务流程管理的数据不再是正式的，而是包括了许多用户产生的非正式的内容，如文本、多媒体、情景、评价、注释等，信息量也将变得巨大，因此有了知识密集型BPM的研究[⑤⑥]。

7.4.4.2 融合方法研究

为了把社会化技术融合到业务流程管理，以提高业务流程管理的效率，当前研究提出了两类融合方法，一类是模型驱动，一类是目标驱动。

在模型驱动的方法中，业务流程管理生命周期的第一阶段是建模设计，需要用到业务流程建模符号，因此，为了使业务流程的建模语言能够适应社会化技术的融入，一些文献提出了扩展BPMN的需要[⑦⑧]。在扩展建模语言的同时，还需要探索和设计相应的业

---

① Mathiesen P, Watson J, Bandara W, et al. Applying Social Technology to Business Process Lifecycle Management [C]. BPM 2011 International Workshops, 2011: 231-241.

② Brambilla M, Fraternali P. Combining Social Web and BPM for Improving Enterprise Performances: The BPM4People Approach to Social BPM [C]. The 21st International Conference on World Wide Web 2012: 223-226.

③ Nascimento A M, Silveira D S D. A Systematic Mapping Study on Using Social Media for Business Process Improvement [J]. Computers in Human Behavior, 2017, 73: 670-675.

④ Mathiesen P, Watson J, Bandara W, et al. Applying Social Technology to Business Process Lifecycle Management [C]. BPM 2011 International Workshops, 2011: 231-241.

⑤ Schmidt R, Nurcan S. BPM and Social Software [C]. Business Process Management Workshops, 2008: 649-658.

⑥ Bruno G, Dengler F, Jennings B, et al. Key Challenges for Enabling Agile BPM with Social Software [J]. Journal of Software Maintenance and Evolution: Research and Practice, 2011, 23 (4): 297-326.

⑦ Brambilla M, Fraternali P. Combining Social Web and BPM for Improving Enterprise Performances: The BPM4People Approach to Social BPM [C]. The 21st International Conference on World Wide Web 2012: 223-226.

⑧ Brambilla M, Fraternali P, Vaca C. BPMN and Design Patterns for Engineering Social BPM Solutions [C]. Business Process Management Workshops, 2011: 219-230.

务流程模式。社会化业务流程管理的模式跨越广泛的组织、用户和系统，需通过SNS、电子邮件、知识管理工具，与传统的业务流程管理系统进行集成来实现；该流程模式可以为运用任一种业务流程管理工具进行社交应用设计的指导规则①②。与业务流程模式设计相似的是，为了将社交网络的能力融合到业务流程管理中，Liu等提出了松耦合的互操作模型，该模型将业务流程管理套件和其提供的社交网络能力分开，提供一个中间件，即设计一种轻量级的社会化业务流程管理机制，使得用户能够使用现有的典型社交媒体和业务流程管理平台。这种松散耦合的方法具有多重交叉社交网络的优势，可以与现有的业务流程管理工具连接在一起使用，这带来了很大的灵活性和工作便利性，使得现有的业务流程管理工具和人们常使用的社交网络工具能够无缝融合③。

基于目标驱动的方法主要是利用社会化技术的特点，如社交媒介及社交网络中的标签、书签、角色推荐、奖励、用户产生内容等，将其运用到业务流程管理当中。融入了社会化技术的业务流程管理会产生高密度和非正式的大量知识，为了对知识进行管理和捕获，需要引入流程知识捕获框架④。其中一种管理流程执行中所产

① Lee J，Jang J，Kim J A. ProcessCodi：A Case Study on Social BPM through Integration of SNS，Mind Map，and BPMS［C］. International Conference on Future Generation Information Technology，2011：378-383.

② Brambilla M，Fraternali P，Vaca C. BPMN and Design Patterns for Engineering Social BPM Solutions［C］. Business Process Management Workshops，2011：219-230.

③ Liu Y，Tang Y，Chen J. Interoperation Based Business Process Management over Crossing Social Networks［J］. International Journal of Grid and Distributed Computing，2016，9（1）：207-216.

④ Rangiha M E，Comuzzi M，Karakostas B. A Framework to Capture and Reuse Process Knowledge in Business Process Design and Execution Using Social Tagging［J］. Business Process Management Journal，2016，22（4）：835-859.

生的知识的方法是建立标签模型①②，并用标签对产生的流程知识进行分类。社会化业务流程管理可以让大量的企业内部和外部的利益相关者参与到流程的管理中来，为了鼓励这些利益相关者积极参与到流程管理，Scekic 等提出了业务流程的奖励和激励机制③。如果说奖励和激励机制是从流程参与者的角度出发的话，那么 Rangiha 等提出的流程推荐和角色指定机制则主要是站在流程管理者或拥有者的角度来改进对流程的管理④。同时，流程管理系统可以利用标签来帮助流程参与者为其提供流程执行和角色推荐方面的建议⑤。此外，在社会化技术融入到业务流程管理的研究当中，Cerenkovs 和 Kirikova 所提出的迭代和增量方法能够作为在业务流程管理系统中采纳社会化技术的指导方法⑥。然而，这些方法和机制目前也仅限于概念化的阶段，文献中尚未见这些方法的具体实现和效果。虽然也有个别研究者在健康领域应用社会化业务流程管理的机制设计了一个 BPM 系统⑦，并且描述了一个简单的 BPMN 业

① Rangiha M E, Karakostas B. The Use of Social Tagging in Social Business Process Management [C]. Web Information Systems Engineering-WISE 2014 Workshops, 2015: 84-92.

② Rangiha M E, Comuzzi M, Karakostas B. A Framework to Capture and Reuse Process Knowledge in Business Process Design and Execution Using Social Tagging [J]. Business Process Management Journal, 2016, 22 (4): 835-859.

③ Scekic O, Truong H-L, Dustdar S. Modeling Rewards and Incentive Mechanisms for Social BPM [C]. International Conference on Business Process Management, 2012: 150-155.

④ Rangiha M E, Comuzzi M, Karakostas B. Role and Task Recommendation and Social Tagging to Enable Social Business Process Management [C]. Enterprise, Business-Process and Information Systems Modeling, 2015: 68-82.

⑤ Karni R, Levy M. Tagging Model for Enhancing Knowledge Transfer and Usage during Business Process Execution [M] // Business Process Management Workshops. Heidelberg: Springer, 2015: 429-439.

⑥ Cerenkovs R, Kirikova M. Supporting Introduction of Social Interaction in Business Processes [M] // Johansson B, Andersson B, Holmberg N. Perspectives in Business Informatics Research. Heidelberg: Springer, 2014: 187-201.

⑦ Liu Y, Tang Y, Chen J. Interoperation Based Business Process Management over Crossing Social Networks [J]. International Journal of Grid and Distributed Computing, 2016, 9 (1): 207-216.

务流程图，其中集成了很多外部社交网络应用 API，但该系统也仅停留在概念上，未见详细设计。

7.4.4.3 实证研究

现行研究中，实证方面的研究较少，文献中提到的社会化业务流程管理平台仅有如下几个：一个叫 Process Codi 的社会化业务流程管理系统整合了社交网络服务、思维导图和 BPM 系统，其中社交网络服务能够让广大的外部利益相关者进入流程中，利用思维导图能够对流程中产生的混合数据进行管理，业务流程管理系统则作为一个核心框架可以整合其他方面的工具①。ISEAsy 是一个支持 ISEA 方法的社会化业务流程管理平台，ISEA 方法由四个原始阶段：识别、模拟、评估、改进，以及三个经典阶段：建模、执行、优化组成，该平台将游戏、社会化技术、参与式的终端用户建模集为一体，以激励和鼓励人们进行流程形式化分析、流程建模或模拟②。在 Liu 等提出的松耦合互操作模型的文章中，提到社会化业务流程管理套件很有前景，但仍处于起步阶段③：如 IBM 于 2010 年 11 月中旬宣布了 Blueworks Live，但实际的社交功能仍在定义之中；一些技术社区和资助的研究项目旨在将传统的业务流程管理方法向社交协作扩展，如 ARIS 社区 Process Live 工具。以上研究主要针对如何实现社会化业务流程管理系统，而对社会化业务流程管理本身的优缺点和对组织的影响的研究较少。目前仅发现 Gong 和 Janssen 运用实证研究方法研究了荷兰的社会化业务流程管理平台 Pleio 对政府的政策制定的影响，包括积极的影响和消极的影响，

① Lee J, Jang J, Kim J A. ProcessCodi: A Case Study on Social BPM through Integration of SNS, Mind Map, and BPMS [C]. International Conference on Future Generation Information Technology, 2011: 378-383.

② Santorum M, Front A, Rieu D. ISEAsy: A Social Business Process Management Platform [M] //Lohmann N, Song M, Wohed P. Business Process Management Workshops. Heidelberg: Springer, 2013: 125-137.

③ Liu Y, Tang Y, Chen J. Interoperation Based Business Process Management over Crossing Social Networks [J]. International Journal of Grid and Distributed Computing, 2016, 9 (1): 207-216.

该文章还验证了大部分其他文献提出的社会化业务流程管理的优点，同时也提出了社会化业务流程管理会降低决策效率的观点。该文章还指出，社会化业务流程管理系统需要在柔性和责任、用户效率间保持平衡①。

7.4.4.4 小结

以研究内容的发展递进为标准，可以对当前研究的主题进行一个简单的分类，首先是社会化业务流程管理的基础概念，其次是在概念的基础上提出的融合社会化技术与业务流程管理的方法，最后是社会化业务流程管理平台实证研究。将当前研究的所有主题都按照这个分类标准放在相应的类下面，如表 7-4 所示。

表 7-4　社会化业务流程管理的研究主题

<table>
<tr><th>研究分类</th><th colspan="2">研究内容</th><th>数量</th><th>相关作者</th></tr>
<tr><td rowspan="5">概念研究</td><td colspan="2">业务流程管理不足与 social software 的特点及两者互补</td><td>4</td><td>Johannesson 等，Schmidt 等，Giorgio 等，Erol 等</td></tr>
<tr><td colspan="2">面向流程的混搭</td><td>1</td><td>Xie 等</td></tr>
<tr><td colspan="2">社会化技术对业务流程管理的影响</td><td>9</td><td>Schmidt 等，Giorgio 等，Erol 等，Nascimento 等，Brambilla 等，Mathiesen 等，Hamali 等，Pereira 等</td></tr>
<tr><td colspan="2">知识密集型业务流程管理</td><td>4</td><td>Schmidt 等，Giorgio 等，Alexo-poulou 等，Andreas 等</td></tr>
<tr><td colspan="2">社会化业务流程管理面临的挑战</td><td>4</td><td>Schmidt 等，Giorgio 等，Kocbek 等，Rangiha</td></tr>
<tr><td rowspan="3">融合方法研究</td><td rowspan="3">模型驱动方法</td><td>扩展 BPMN，BPM4 People</td><td>3</td><td>Brambilla 等，Rangiha 等</td></tr>
<tr><td>业务流程模式设计</td><td>2</td><td>Lee 等，Brambilla 等</td></tr>
<tr><td>松耦合互操作模型</td><td>1</td><td>Liu 等</td></tr>
</table>

① Gong Y, Janssen M. The Impact of Social Business Process Management on Policy-Making in E-Government [C]. 50th Hawaii International Conference on System Sciences, 2017: 2458-2467.

续表

研究分类	研究内容		数量	相关作者
融合方法研究	目标驱动方法	社交标签和标签模型	4	Rangiha 等，Karni 等
		流程推荐和角色指定	1	Rangiha 等
		迭代和增量方法	1	Cerenkovs
		业务流程的奖励和激励机制	1	Scekic
		流程知识捕获框架	1	Rangiha 等
		社会化业务流程管理设计	1	Sánchez-figueroa 等
实证研究	社会化业务流程管理平台、影响		4	Santorum 等，Lee 等，Liu 等，Gong 等

7.4.5 社会化业务流程管理面临的挑战

根据对文献的分析，本章同时总结了社会化业务流程管理当前面临的许多挑战，如表 7-5 所示，其主要包括用户激励、用户培训、语义整合、用户授权、处理信息过载、保证模型质量、灵活性等。①处于社会化业务流程管理环境中时，将面对许多来自于不同组织、拥有不同层次 BPM 效率和领域知识的利益相关者，相较传统的业务流程管理参与者更加复杂，只有当大量的可以做出有意义贡献的参与者都持续不断地投入时间和精力到流程管理中时，社会化业务流程管理才能取得成功①，因此需要激励用户参与到流程管理中去。②由于建模软件、语言和模型对许多参与者来说太难，因此需要训练参与者，并训练新的建模者②，同时，需要为社会化业

① Kocbek M, Jošt G, Polančič G. Introduction to Social Business Process Management [M] //Uden L, Heričko M, Ting I-H. Knowledge Management in Organizations. Heidelberg: Springer, 2015: 425-437.

② Karni R, Levy M. Tagging Model for Enhancing Knowledge Transfer and Usage during Business Process Execution [M] //Business Process Management Workshops. Heidelberg: Springer, 2015: 429-439.

务流程管理的建模者提供统一的建模语言和建模软件。③社会化业务流程管理的一个重大挑战在于确保所有参与者对过程模型领域相关概念有一个共同的认识，并且使用相同的术语来指代这些概念，即进行语义整合[1]。④参与到社会化业务流程管理的人员复杂，为了组织的安全考虑，需要对参与到流程中的用户进行授权，并使用安全机制限制相关用户需要的数据和资源[2]。⑤在流程执行过程中会产生许多非正式的知识，有研究表明，一般只有10%的用户会对内容产生贡献，80%的流程知识由人们互动产生，但只有其中的20%的知识能够被捕获，因此对流程知识的捕获机制也提出了要求，社会化业务流程管理面临的一个巨大挑战就是如何处理这些大量的知识，即应对信息过载[3]。⑥流程模型的质量是一个多维度的属性，它决定了流程模型是否可以成功地被用于实现其预期目标，Pflanzl和Vossen认为，模型质量与语义质量、实际质量、社会化质量相关[4]，因此维护这个属性被认为是一个困难的目标。⑦将社会化技术融入到业务流程管理中能够为流程管理带来柔性，但同时需要注意的是在柔性、责任、用户效率间保持平衡[5]。⑧如果业务流程管理能够对企业内部和外部的事件做出快速的反应，那么该业

---

① Karni R, Levy M. Tagging Model for Enhancing Knowledge Transfer and Usage during Business Process Execution [M] //Business Process Management Workshops. Heidelberg: Springer, 2015: 429-439.

② Kocbek M, Jošt G, Polančič G. Introduction to Social Business Process Management [M] //Uden L, Heričko M, Ting I-H. Knowledge Management in Organizations. Heidelberg: Springer, 2015: 425-437.

③ Kocbek M, Jošt G, Polančič G. Introduction to Social Business Process Management [M] //Uden L, Heričko M, Ting I-H. Knowledge Management in Organizations. Heidelberg: Springer, 2015: 425-437.

④ Pflanzl N, Vossen G. Human-Oriented Challenges of Social BPM: An Overview [C]. The 5th International Workshop on Enterprise Modelling and Information Systems Architectures, 2013.

⑤ Gong Y, Janssen M. The Impact of Social Business Process Management on Policy-Making in E-Government [C]. 50th Hawaii International Conference on System Sciences, 2017: 2458-2467.

务流程管理是柔性的，虽然社会化业务流程管理能够通过纳入所有的参与者来提高柔性，但同时需要更高的响应能力，实现柔性和响应能力不仅需要适当的方法和技术，还需要积极的企业文化作为支持①。

表 7-5 **社会化业务流程管理面临的挑战**

面临的挑战	提到的作者
用户培训、用户激励、整合语义；为新手提供软件；提供社会化建模语言，丰富业务流程管理的生命周期，使业务流程管理的生命周期更加灵活；政府、企业文化、企业战略一致性	Pflanzl 和 Vossen，Karni，Kocbek 等
灵活性，效率间的平衡，缺乏实证研究	Gong 和 Janssen
信息安全、财务风险	Bruno 等

社会化业务流程管理面临的另一挑战与政府、文化、战略一致性相关。在业务流程管理的背景下，政府需要“在角色和责任方面建立适当和透明的问责制”及“指导流程相关行动的决策制定和奖励流程”；文化可以被定义为“形态过程相关态度和行为的集体价值观和信念”，而且它的缺陷可导致对变革的文化抵抗，从而最终导致任何类型的业务流程管理改革的失败；战略一致性被定义为“组织优先事项和企业流程的紧密联系，能够持续有效地提高业务绩效”，对于社会化业务流程管理来说，重要的是因为其触发的改进和创新过程不能与整体业务战略相抵触②。

Bruno 等提到，将社交网络应用于业务流程管理中易造成加密

① Karni R, Levy M. Tagging Model for Enhancing Knowledge Transfer and Usage during Business Process Execution [M] // Business Process Management Workshops. Heidelberg: Springer, 2015: 429-439.

② Karni R, Levy M. Tagging Model for Enhancing Knowledge Transfer and Usage during Business Process Execution [M] //Business Process Management Workshops. Heidelberg: Springer, 2015: 429-439.

信息的泄露和财务风险[1]，因为在整个业务流程管理的生命周期中，所有用户都可以合作、贡献，但同时社交网络的使用还存在以下几个财务风险。首先，并不是每一个社交网络和业务流程管理的协作都会产生巨大的经济利益，导致企业往往会高估社交网络所带来的财务回报；其次，企业在决定使用社交网络时必须要考虑到使用社交网络的机会成本，机会成本能够测量放弃使用社交网络的价值；最后，公司需支付的员工间的协作成本较高，因为员工需要财务奖励来补偿其因为社交网络的使用而产生的额外工作[2][3]。

7.5 总结与展望

本章首先理清了在当前研究中模糊的社会化业务流程管理的定义，将社会化业务流程管理定义为：利用社交媒体、社交网络等社会化技术来控制企业内外部的利益相关者参与到业务流程管理的生命周期中，以提高业务流程管理的效率。其次从业务流程管理生命周期的角度描述了当前研究中社会化业务流程管理的研究现状，得出当前大部分研究集中在社会化业务流程管理的设计和实施阶段，对配置和评价阶段的研究则相对较少的结论。然后对当前的研究主题进行了一个较为全面的包含所有主题的分类，分为与社会化业务流程管理定义相关的概念、融合社会化技术与业务流程管理的方法、实证研究三类，并将当前的所有研究都归类到这三个大类下。最后讨论了社会化业务流程管理所面临的挑战，包括用户激励、用

---

① Bruno G, Dengler F, Jennings B, et al. Key Challenges for Enabling Agile BPM with Social Software [J]. Journal of Software Maintenance and Evolution: Research and Practice, 2011, 23 (4): 297-326.

② Bruno G, Dengler F, Jennings B, et al. Key Challenges for Enabling Agile BPM with Social Software [J]. Journal of Software Maintenance and Evolution: Research and Practice, 2011, 23 (4): 297-326.

③ Johannesson P, Andersson B, Wohed P. Business Process Management with Social Software Systems-A New Paradigm for Work Organisation [C]. Business Process Management Workshops, 2008: 659-665.

户培训、语义整合、用户授权、处理信息过载、保证模型质量、流程柔性等。

虽然当前已经有大量文献对社会化业务流程管理进行了较为广泛的研究，但还存在以下局限。

（1）从融合社会化技术和业务流程管理方法的角度看，当前研究所提出的融合社会化技术与业务流程管理的方法中，大部分是针对在传统业务流程管理生命周期的特定阶段（如设计阶段）。仅将社会化技术引入进行扩展，依然较难克服传统业务流程管理存在的建模和实施之间的差距。当前研究中所提出的融合方法在业务流程管理的生命周期中，大部分是关于利用社会化技术改善业务流程管理的设计阶段和实施阶段，对配置阶段和评价阶段则涉及较少。

（2）从研究方法的角度看，在社会化业务流程管理的研究中，实证研究较为缺乏。当前研究提出了许多将社会化技术应用于传统业务流程管理的好处、缺点以及所面临的挑战和威胁，但无论是对于社会化业务流程管理的优点还是缺点，大多数文献只是进行理论上的论述，只有一篇文献用实证研究的方法加以说明，其他研究只是停留在概念层面，缺乏实证检验。并且对于所提出的社会化业务流程管理目前面临的挑战，较少研究提到如何去克服这些挑战和威胁。目前对该领域的研究大部分是概念性的研究，提出一些融合社会化技术与业务流程管理的方法和理论，但是对现实中实际存在的社会化业务流程管理平台或系统的整体研究很少。因此在将来，对社会化业务流程管理的研究应该更多地倾向于与企业或政府相结合的社会化业务流程管理平台的实证研究，以实际的平台来论述社会化业务流程管理的不足、优点或面临的挑战。

（3）从研究的主题来看，研究主题的内容较为分散，缺少一个较为全面的系统框架和统一的概念定义。当前社会化业务流程管理的研究依旧处于一个快速发展的初级阶段，国外的研究也主要是围绕概念等基础研究，国内相关研究较为缺乏。大量涌现的概念研究，使得研究者虽然对社会化业务流程管理有一个较为统一的认识，但却缺少一个统一的概念定义，也缺少一个能够对后续的研究进行指导的较为成熟明确的主题研究框架。

由于当前对社会化业务流程管理的研究年限较短，研究中的文章数量也比较少，并且国内对社会化业务流程管理研究的起步较晚，文章更少，导致研究社会化业务流程管理的中文文献缺乏，这使本章的综述存在一定限制，对社会化业务流程管理领域的分类也可能不是很全面，提出的分类观点也可能存在一些不足。社会化业务流程管理研究处于初级阶段的特点，恰好吸引了广大业务流程管理研究者去探索和创新，丰富此研究领域的内容。随着互联网的蓬勃发展，未来的研究必定能够将更多互联网相关理论应用于企业的业务流程管理，以提高企业流程管理的效率。为了弥补当前研究缺乏实证研究的局限，我们提倡在未来的研究中加强与社会化业务流程管理相关的实证研究。

8 大数据环境下的柔性流程实践

本书聚焦业务流程的柔性及其内在机理，并在前面的章节中以众包为业务场景，通过实验的方式展示了控制复杂度的思想在实现流程柔性上的应用。这些实验所采取的方法主要体现了其理论意义，并启发我们在实际工作中如何寻求解决问题的基本方向。然而，在实践当中，组织所处的环境要比我们之前介绍的情况复杂得多，业务流程柔性的实现自然也会受到诸多因素的影响和作用。其中，以云计算为代表的新一代数字化技术对组织业务流程有着根本性的影响。与此同时，IT 基础设施的改变和越来越成熟的大数据应用也为组织实现柔性的业务流程和灵活的服务进行赋能。这使得我们比过去在传统的 IT 技术环境下更有技术手段来大规模地实现和运用柔性的业务流程，同时我们也比以往更迫切地需要提升业务流程的柔性，以适应在新技术和大数据环境下的市场竞争和社会需求。

下面我们以浙江省“最多跑一次”政务服务改革作为案例，介绍在云计算和大数据平台的支撑下，一站式服务的业务流程是如何灵活构建并实现的。一站式政务服务是一种典型的 KIBS 组织业务，KIBS 组织的业务流程具有开放性、协作性、创新性和动态性的特点。浙江省“最多跑一次”政务服务改革的目标要求各地各级政府实现“一窗通办”“一证通办”和“一事一流程”高效灵活的政务服务，其中，浙江省的先进方法是将原来的业务流程梳理并分解成细粒度的任务事项，并针对申请人的实际需要实现服务流程“私人订制”的效果。在流程执行中，打破原有的部门关系，通过扁平化的协同合作，迅速完成服务内容。而这一系列举措的背后是历经数年建立起来的云计算基础设施和省市多级大数据中心的数据服务与移动办公等工作方式的转变。本章将探讨在这样一种复杂的大数据环境下柔性业务流程的实践方法和经验。

8.1 社会背景和发展过程

浙江省是我国政务服务改革的排头兵。在由国务院委托国家行政学院进行的《省级政府和重点城市网上政务服务能力调查评估报告》中，浙江省连续在2015—2017年排名第一，并在2018年排名第三（2019年发布）。从政务改革的历史上看，浙江省政府现阶段基于数字化技术手段进行的政务服务改革可以追溯至2014年年初。当时，浙江省首先提出电子政务建设的云基础设施战略，建设电子政务“一朵云”，为后来的全省电子政务和公共数据的整合与共享奠定了坚实的基础。同时，浙江省政府构建政务服务“一张网”——浙江政务服务网，并公布了政府权力清单、企业投资负面清单、政府部门专项资金管理清单和政府责任清单，形成了著名的“四张清单一张网”改革行动。改革至今已逾5年，积累了大量的实践经验。因此，我们选择浙江省政府“最多跑一次”的业务流程改造作为先进案例，探索和学习其业务流程管理和实现流程柔性的经验。

大概在2014—2016年，“四张清单一张网”的改革主要完成了两项重要的工作。一方面，架设了可供全省各级政府和部门使用的云基础设施，通过浙江政务服务网统一了各级政府和部门的在线端口，为后期的公共数据整合和共享以及进一步实现政务服务改革提供了技术基础设施。2014年6月，浙江政务服务网正式上线，这也是全国首个搭建于公有云平台的省、市、县三级采用一体化模式建设的网上政务服务平台。另一方面，通过“四张清单”的整理和发布，梳理清楚了政府各部门的职能和权责，为后期整合和改造政务业务流程打下了基础。这里同时需要指出的是，在该时期内，更多的工作是为下一阶段的改革进行准备，多个各级政府和部门关停了自建和维护的政府网站，并将数据和网上业务迁移到云端，但这些工作主要呈现出一种过渡性的特点，即主要将线下的服务和流程大体上“复制”到线上，而未对流程和服务本身进行根本上的提升和优化。然而，这一阶段的探索、磨合以及准备对后面阶段的改革和创新起到了不可或缺的作用。

2016年9月，国务院出台《关于加快推进“互联网+政务服务”工作的指导意见》，文件强调要提高“互联网+政务服务”效率，将简政放权、放管结合、优化服务改革推向纵深的关键环节。在该政策的驱动下，2016年12月，浙江省委经济工作会议首次公开提出“最多跑一次”改革，明确要求群众和企业到政府部门办事最多跑一次。2017年1月16日，在浙江省政府工作报告上，“最多跑一次”改革被正式提出。2017年2月10日，浙江省主持召开推进“最多跑一次”改革专题会议，对“最多跑一次”改革作出全面部署，从此拉开了该项改革的序幕。

该项改革用公众的满意度和服务体验来拉动政府的职能转变。所谓“最多跑一次”，是指群众和企业到政府部门办事“最多跑一次”，即通过“网上申请、快递送达”“网上申请、网上办结”“网上申请、现场取件”“现场申请、现场办结”“现场申请、快递送达”或其他流程设计使得群众和企业办理审批业务只“跑一次”甚至“零上门”。该项改革主要针对长期以来政府基层职能部门存在重审批、轻监管、弱服务的问题，群众和企业到政府部门“办事难、办事慢、证明多”的难点、痛点和堵点。该项改革充分利用新一代的信息技术，在提升服务质量和体验的同时，逐渐优化和改进政府部门的业务流程，培养服务意识，提升组织文化，最终打造服务型政府和实现数字化转型。

2017年和2018年是该项改革开拓和深入的时期。浙江省政府先后出台了各项政策法规，用于促进、规范和保障“最多跑一次”改革的顺利实施。其中，《浙江省公共数据和电子政务管理办法》是浙江省在公共数据和电子政务相关领域出台的第一部省级政府规章，对公共数据和电子政务规划与建设、管理与应用、安全与保障等方面作出了相应规定。从 2017 年 5 月 21 日起近半年的时间里，浙江省政府陆续出台了浙江省《政务办事“最多跑一次”工作规范》，包括：第一部分总则，第二部分一窗受理、集成服务，第三部分政务服务网电子文件归档数据规范，第四部分服务大厅现场管理；并在 2018 年发布了《法人库数据规范》等一系列电子政务技术标准。

前期的准备工作为该时期的大数据归集和处理提供了有力的基础。浙江省政府为此专门设立了省级大数据中心，负责对全省服务流程中需要的大量数据进行规范、归集和有效利用。省级政府进行统一部署，从全省前 100 项“最多跑一次”高频事项（以下简称“高频事项”）入手，梳理明确事项办理的证照、材料共享需求，制定数据，提供责任清单。省级单位依据责任清单，推进本系统全省数据资源向省级大数据中心归集。各市、县（市、区）按照省级部门制定的标准逐步推进本级城市管理、水务、燃气等公共服务类数据向省数据中心归集。同时，设立了健全的数据质量校正机制，各地、各部门要及时通过省级公共数据共享平台或数据调用页面，将发现的数据质量问题反馈至省级大数据中心。数据源头单位要及时整改，提高数据的完整性和准确性。

随着改革的推进，便利民众办事、加快处理速度的需求对政府工作人员的工作方式和工作环境也提出了新的要求。浙江省政府从 2016 年开始探索试用移动办公的工作方式。2017 年年初，省政府办公厅发文，为推动“互联网+政务”和“最多跑一次”改革，决定在全省政务部门统一部署使用移动办公系统，提高行政决策效率。其中，杭州、衢州等地是最早开展使用移动办公的市级单位。2017 年 4 月 21 日，杭州市电子政务办公室召开“浙政钉”政务应用实施推广培训会，要求全市行政事业单位 4 月底之前完成钉钉系统架构的搭建，覆盖本单位本系统行政、事业编制全体人员。浙江省政府办公厅一位负责人介绍：“通过政务钉钉系统可实现跨地域、跨层级沟通和扁平化管理，使各类政策、指令及时传达到末端，并随时掌握工作进展，既有利于提高行政决策效率，也有利于增强政府执行力。”经过一年多发展，该平台在2018年年末已接入超过100万名公职人员，包括浙江省政府、省属委办厅局机关和全省11个地市都在平台上进行工作沟通和协同办公。该办公平台帮助浙江政务系统实现了省、市、县、乡、村五级机构的组织在线，完成了五级行政区划的移动联络系统建设，这在国内属于首例。与此同时，该平台还能快速实现特殊流程的管理，在如台风灾害等应急管理场景中体现了重要作用。该平台的成功部署是浙江省深化“最多跑一次”改革，打通信息孤岛，构建数字政府的基石。

根据浙江省省委改革办（“最多跑一次”改革办公室）的评估，截至2019年上半年，全省的省、市、县三级政府共梳理办事事项主项1925项，并分解成最小粒度的流程任务单元9258项，由此可以根据申请人的具体情况，灵活生成“私人定制”的办事指南。为支撑这些服务流程和进一步实现更多一站式服务，全省共归集公共数据164亿条，省、市、县三级适宜网上办理的事项（国家法律、法规要求申请人必须当面办理的行政审批业务不在此列）网上办理的实现率达95.2%，全省民生事项“一证通办”的实现率达到74.9%。“一证通办”是浙江省为各类主体到政府部门办事提供的服务新模式，基于浙江省大数据平台，共享人口、法人、信用、证照、空间地理信息五个基础库，使得线上或线下一张身份证即可通办各种民生事项。比如为16周岁以下人员办理“往来港澳再次签注”的申请，每年受理量大概有100万件，以前需提交四份材料，填写3个表单，现在不需要提交任何材料，不需要填写任何表格，全部通过共享获取，凭身份证办理，1分钟即可办结。

针对以前存在“痛点”的跨部门业务，首批16家省级单位已经梳理出358项跨部门业务流程；省级部门首批“一件事”办理事项“最多跑一次”实现率达到75%，办理材料和办理时间分别压减29%和35%。如果说“一证通办”打破了部门之间的数据壁垒，通过数据跑路代替群众跑腿，那么“一件事”则打破了部门之间的业务孤岛，以公众和企业的需求为驱动，实现跨部门的业务协同，对跨部门的业务进行流程再造实现“减时间、减流程、减环节”。围绕公民个人从出生到死亡、企业从准入到推出的生命周期，浙江省实现24项个人相关的高频事项一站式服务、17项企业相关高频事项的一站式服务。这41项高频事项中，15项实现了全流程网上办理，9项实现部分流程网上办理，3项正在实施，另有11项正在流程梳理中。以“出生一件事”为例，该服务每年惠及浙江40万个新生儿家庭，在改革前，群众至少要跑5个窗口，提交20份材料，填写60项信息，花2天时间。改革后，只需在浙江政务服务网提交1份材料、填写9个数据项即可办理。

“最多跑一次”改革不仅仅是提高服务质量的民生工程，也不仅仅是利用大数据的信息工程。改革的影响是多个方面的，包括对政府机构本身的影响。自2018年5月起，“最多跑一次”的理念和要求也充分体现到了机构改革中。浙江省级层面新组建和重新组建机构22个，优化调整领导管理体制和职责机构18个；党政机构减少6个（其中正厅级减少9个、副厅级增加3个）；厅级领导职数减少67名，其中正厅长级减少10名、副厅长级减少57名，处级领导职数减少90名；部门内设机构和处级单位减少60个。改革过程中，11个设区市党政机构数量共减少23个；89个县（市、区）党政机构数量共减少196个。省级转隶行政人员1620名、事业人员6303名；市县转隶行政人员14974名、事业人员56171名。这些数据显示，浙江在进一步健全全省组织机构体系、进一步优化机构职能配置的同时，实现了机构数、领导职数、编制数的精简。改革过程中，“最多跑一次”的改革理念和要求充分体现在转变职能、理顺关系、业务融合、流程再造上。从这个意义上来说，“最多跑一次”改革正在逐渐重塑政府的组织文化。

改革的深化是不断拓展的过程。浙江省的“最多跑一次”政务服务改革在目前和未来的阶段是在事项、层级、机构和地域上的拓展。在事项上的拓展，是指全面覆盖所有行政权力事项；在层级上的拓展，是指全面加强基层治理体系的建设，全面推行村（社区）代办制，实现省、市、县、乡、村五级“最多跑一次”改革的全覆盖；在机构上的拓展，是向涉政中介机构、各类公共服务机构延伸，提高全社会运行效率和服务质量；在地域上的拓展，是从浙江省拓展到整个长三角地区，从省内到跨省的突破。2019 年 5 月 22 日，长三角地区政务服务“一网通办”正式开通运行，首批 51 个政务服务事项在上海市，江苏省苏州市，浙江省杭州市、嘉兴市、湖州市、金华市，安徽省合肥市、芜湖市、宣城市、安庆市、马鞍山市、滁州市、池州市、铜陵市 14 个城市实现长三角“一网通办”。改革也随之步入新的阶段。

8.2 技术措施

在以上介绍的浙江省政务改革当中，促进业务流程柔性提升的技术手段主要集中在两个方面，一个是在线渠道的搭建，连接了行政审批服务的申请者和政府机构的办事人员，实现了业务流程的在线服务场景；另一个是省级大数据中心的建立，为一站式服务流程的再造提供了数据服务和支撑。

这种以数据支撑业务，贯穿供需双方的方案简称为“一云两端”。其中“一云”是指在云计算基础设施上构建精准化的数据服务能力，“两端”是指政务服务端和政务办公端，助力政务服务达成移动互联网级的用户体验。政务服务端是指为办事民众和企业提供服务的众多入口，包括线下的办事大厅，线上的政务服务网和 APP，以及支付宝小程序和企业钉钉等社会化 APP 的服务端。政务办公端是指政务人员审批端，以“一网通办”为契机，全面推进移动办公，实现事项审批与公文流转、日常办公的移动化和智能化。政务办公端和政府服务端注重移动互联网的用户体验，政务人员能够“随时批，随身批”，民众、企业人员能够“随时办，随身办”，提升“一网通办”的事项处理效率。依托云端的处理能力和数据服务，将政务人员使用的政务办公端和移动端的数据打通，实现提交的审批可以推送到办事人员的“一网”“一门”“一次”的网页和移动端工作界面。

此外，“一云两端”方案可以为数字政府的建设打下基础，在提升流程柔性方面有如下三个方面的创新价值：

第一，云基础设施构建了政府的数据供给能力。基于云存储的数据中心为构建多种不同业务流程和服务应用存储及供应所需的数据，使得跨部门、跨地域的业务流程得以实现或更加通畅，是构造各种业务流程和灵活定制服务的基础。

第二，政务服务端和移动审批端为企业和民众以及行政人员提供更便捷的服务渠道，同时将数据服务能力和用户体验在线上和线下打通，使得线上和线下的流程及其服务水平一致，并使得业务流程的执行处于系统的监控当中，保证流程的质量。

第三，云端服务可以支撑数字政府在不同业务领域的流程复用，云端的计算和数据能力、“两端”的移动互联网体验都可以复用到诸如城市管理、环境保护、经济调节、市场监管等不同领域的多种业务流程当中。

云端大数据中心的建设是浙江省政务改革实现灵活服务流程的重点。依托浙江省电子政务网络和云平台，大数据中心集中汇聚了全省的公共数据资源，为各级政府部门的社会管理、公共服务和辅助决策提供公共数据共享服务。浙江省大数据中心的架构示意图如图 8-1 所示：

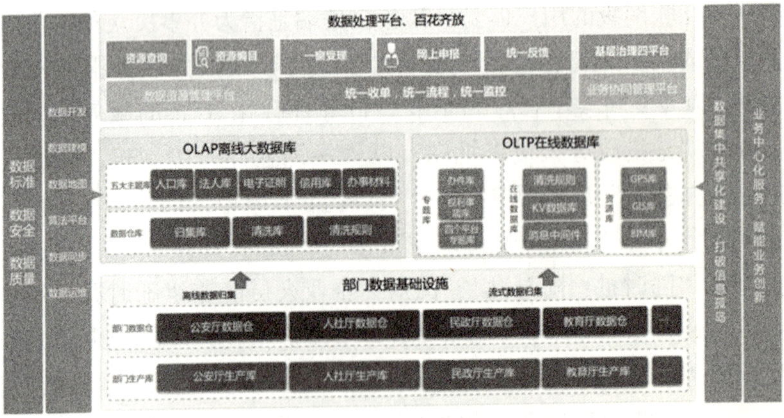

图 8-1 大数据中心架构示意图

在数据管理上，浙江省政府要求省级单位牵头完成本单位事项数据同步至数据仓，并从数据仓归集至省级大数据中心，全量数据全量推送，增量更新按需推送。大数据中心经过清洗、比对和分析，形成人口综合库、法人综合库、可信电子证照库、信用信息库、办事材料库等主题库，为全省各级政府部门提供公共数据的共享服务。

根据大数据中心的建设需要，省级单位经过对自身数据的清洗和比对，将五大主题库以外的业务数据备份至大数据中心，形成各单位的专业库，为全省各级政府部门提供相关的特色专业数据共享服务。同时，根据需要逐步建设与完善社会管理和公共服务所需的GIS数据库、GPS数据库等资源库。

主题库、专业库和资源库等公共数据通过省公共数据共享平台提供权威、集中的共享服务。省公共数据共享平台提供数据接口和数据流接口两种共享接入模式，其中数据接口主要提供经过清洗的主题库、专业库等公共数据，而数据流接口则对接相关部门的生产系统，提供实时共享服务。

各部门数据通过省公共数据交换平台交换至省数据管理中心，主要包括两部分：一是部门数据仓数据，主要是支撑本部门省、市、县、乡四级办事事项所需的数据，以及提供其他部门办事所需的共享数据。二是部门其他用于数字化转型的数据。

在应用系统建设上，网上申报与线下的“一窗受理”（收件）平台作为面向公众与窗口工作人员的两个入口，基于统一申报模块/统一收件模块生成统一办事编码，并结合各部门业务系统的业务表单，形成一次完整的业务申报/收件与各业务部门的权力运行系统的交互，在业务部门的权力运行系统完成相关业务审批办理后，将相关结果报送到统一申报/统一收件模块。根据事项统一的编码、统一的权力事项处理规范，实现统一的业务流程检查。

基层治理四平台是浙江政务服务网在基层的延伸，围绕乡镇（街道）综治工作、市场监管、综合执法、便民服务等基层管理和服务需求，充分发挥全省“一张网”和公共数据共享的优势，整合业务流程，打破数据壁垒，推进各级部门基层治理信息系统对接整合工作，实现基层治理跨部门、跨层级数据共享和业务协同，全面提升基层统筹协调和管理服务能力。

8.3 流程实现

浙江省“最多跑一次”政务改革中的一站式政务服务流程需要将数据共享服务集成到流程当中，为精简流程或实现跨部门流程赋能。“最多跑一次”事项数据共享，以系统工程方法为基础，经过实践创新，逐步形成了具有政务业务特点的数据共享“V”字理论模型，包含九个环节，如图8-2所示：

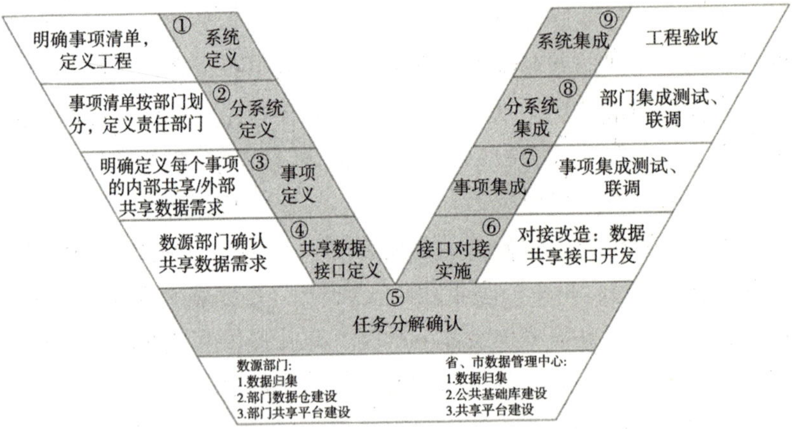

图8-2　数据共享“V”字理论模型

①系统定义：按照统一部署，在主项名称统一、子项名称统一、适用依据统一、申请材料统一、办事流程统一、业务经办流程统一、办理时限统一、表单内容统一的“八统一”基础上，梳理形成各市、县（市、区）政府的事项清单，每个市、县（市、区）政府的全部事项清单定义为“一个系统”。

②分系统定义：各市、县（市、区）政府的事项清单按照部门进行划分，每个部门的事项定义一个“分系统”。

③事项定义：按照办事材料类别对事项所需的每份材料明确共享来源方式（自行填写、外部共享或内部共享），梳理形成每个事项的数据共享需求。

④共享数据接口定义：根据每个事项的数据共享需求，定义数据内部共享和外部共享接口。

⑤任务分解确认：明确事项数据共享需求和数据共享接口需求后，对下一步数据共享工作进行任务分解。省级部门的主要任务有：根据数据仓建设规范建设部门数据仓，推进部门的数据归集，定义部门的标准化清洗规则，搭建内部共享平台，根据内部共享接口需求定义开发内部共享接口。各市、县（市、区）政府的主要任务有：搭建市共享交换平台，定义外部共享接口。各市县级部门的主要任务有：完成本条线共享数据归集到省级部门数据仓。

⑥接口对接实施：各市县级事项受理系统的建设方按实施要求对接数据共享接口，并对接口进行测试、联调，实现事项的数据共享调用。

⑦事项集成：单个事项的内部共享和外部共享的集成联调，包括展示页面的集成效果。

⑧分系统集成：单个部门所有事项的内部共享和外部共享的集成联调，包括单个部门所有事项所运行的系统实现与政务服务网的单点登录。

"V"字模型实际上也是对一站式服务的业务流程进行重新设计和实现的过程。沿着"V"字左侧的"下行线"，省级数据管理中心要与业务部门一起，把每个"最多跑一次"事项的具体需求分解到计算机可处理的最小数据单元，比如把办理不动产登记业务分解到户主身份证号码等数据单元，确保它与办理社保证明中分解出来的"参保人员身份证号码"实现共通共享。随后，沿着"V"字的"上行线"，再把这些数据单元组装起来并验证，直到整个不动产登记业务与社保证明业务完全实现信息共享。当该流程中的每个办事事项都完成了"V"字，就意味着在"一窗受理"和数据共享条件下的"最多跑一次"的服务最终实现了。

"V"字模型是站在全局角度对细节问题进行剖析的方法，主要是站在全省的角度考虑数据与业务的集成。而站在市、县一级配合者的角度，需要配合事项受理系统的建设方集成联调，以及运行效果的验收和共享需求实现情况的验证。其主要工作流程如下：

"V"字模型环节	① ②	③ ④	⑤	⑥	⑦ ⑧	⑨
数据共享工作流程	(一)事项清单梳理	(二)事项数据梳理	(三)数据归集及共享体系对接	(四)数据共享改造	(五)业务系统改造	(六)系统集成验收
工作内容	各市、县(市、区)政府： 按照省编办统一部署 1.梳理市县事项清单 2.梳理部门事项清单	各市县级部门： 1.梳理事项数据 2.确定数据责任清单	省级部门： 1.建设部门数据仓 2.推进部门数据归集 3.定义标准化清洗规则 4.搭建部门共享平台 5.开发内部共享接口 6.开发共享日志上报 各市、县(市、区)政府： 1.搭建市县共享平台 2.开发外部共享接口 3.开发共享日志上报 各市县级部门： 1.数据归集到省级部门数据仓或市县公共数据平台	各市县级事项系统建设方： 1.对接部门共享平台 2.对接市县共享平台 3.开发、测试、联调	各市县级事项系统建设方： 网上申报系统改造： 1.单点登录对接 2.政务服务网页面规范改造 3.共享页面展示改造 4.用户敏感信息脱敏 5.公共交付对接 6.快递送达对接 7.办件库数据交换 一窗平台对接改造： 1.系统备案 2.单击登录对接 3.统一收单号对接改造 4.办件基本信息对接 5.共享页面展示改造 6.公共交付对接 7.快递送达对接 8.办件库数据交换	各市、县(市、区)政府： 1.集成联调 2.技术验收 3.用户体验验收

图 8-3 市、县一级工作流程

第一阶段是事项清单梳理阶段，包含“V”字理论模型的环节 1 和 2，主要对市、县（市、区）的事项进行梳理，对市、县级部门事项清单的确认。第二阶段是事项数据梳理阶段，包含“V”字理论模型的环节 3 和 4，主要对需求部门事项办理材料的数据共享需求进行梳理和数源部门对数据共享责任的确认。第三阶段是数据归集及共享体系对接阶段，即“V”字理论模型的环节 5，主要是根据数源部门确认的责任清单进行数据的归集以及对接共享体系。

第四阶段是数据共享改造，即“V”字理论模型的环节6，主要是对接数据共享接口。第五阶段是业务系统改造，包含“V”字理论模型的环节7和8，主要涉及四方面的改造，单点登录（包括与办件库、公共支付、快递送达对接）和页面改造。第六阶段是系统集成验收，即“V”字理论模型的环节9，主要是通过技术层面和用户体验层面对事项的数据共享情况进行验收。

总的来说，浙江省的“最多跑一次”政务服务改革是一种自上而下，以省级政府牵头的改革行动。这一点在流程的再造上表现比较明显。

8.4 总结与思考

从前期“四张清单一张网”作为基础，到打破数据孤岛、利用数据共享，改造业务流程，实现“一窗受理、集成服务”，浙江省在“最多跑一次”政务服务改革中表现出色，走出了一条“互联网+政务”的特色之路。

政府数字化转型是政府主动适应数字化时代背景，对施政理念、方式、流程、手段、工具等进行全局性、系统性、根本性重塑，通过数据共享促进业务协同，提升政府治理体系和治理能力现代化的过程。政府数字化转型是一种复杂的社会现象，具有时间长、范围广和影响大的特点。数字化转型现象可以从多个不同的角度去剖析和理解，我们立足于本书的命题，主要着眼于改革过程中在业务流程管理和提升流程柔性上的举措。

首先我们从流程柔性的观测上看时间、质量、运营性能和成本四个方面的变化和影响。浙江省政务服务改革后，所涉及的业务流程在处理时间上有明显的提升。虽然不同流程的提升程度不一，但是从官方披露的数据上看，平均而言，提升的幅度很明显。对于个别服务，处理时间甚至有非常大幅度的缩短。就质量而言，我们无法获得出错率等数据，但是从不同机构的抽样调查来看，服务使用者的满意度是有明显提升的。当申请人对比改革前后明显缩短的处理时间、提交渠道的更多选择以及提交材料和信息的大幅减少，用户满意度的提升是自然而然的。从运营性能上看，处理时间缩短意味着单位时间内可以处理更多的服务请求，移动办公平台的使用也使得审批处理人的时间利用率变得更高；此外，行政机构规模的缩减也在一定程度上反映出运营性能的改善。这里需要补充的是，在过去的 5 年当中，浙江省的居民人口数量并没有下降，反而是一个持续增加的状态，因此可以排除由于服务对象的数量减少而导致服务机构的规模缩减的情况。最后关于流程的成本问题，由于没有相关的数据，我们无法直接判断。“最多跑一次”改革的关键技术是云计算基础设施。该项投入无疑是巨大的，然而，云基础设施也使得各级政府机构和部门可以关停自建和维护的网站等设施，从而节约了很大一部分建设和运营的成本。从全省范围来看，我们并不知道这一投入和节约之间的会计结果。此外，从经验上看，该项成本的分摊自然也是非常复杂的，我们很难估计分摊到业务流程上的 IT 成本到底有多少。如果只计算直接成本的话，更少的业务人员意味着直接人力成本的下降。以上四个因素的分析反映到业务流程的柔性上，我们可以认为“最多跑一次”政务改革实现了业务流程柔性的提升。这一论述的结果也可以确认浙江省的该项改革是实现和提升业务流程柔性的成功案例。

在对业务流程柔性的观察和分析中，本书的核心设计思想是控制复杂度，包括对结构复杂度的控制和对过程复杂度的控制。在业务流程的设计中，控制结构复杂度和实现柔性的主要方法是关注点分离和模块化，而对过程复杂度的控制主要依靠流程模式。

在结构复杂度的控制中，“最多跑一次”的业务流程设计体现出“受办分离”的特点。所谓“受办分离”，指服务请求的受理和办理环节分离。具体而言，行政审批服务的受理可以在任意一个行政服务中心提交，确切地说是在服务中心的任意一个“一窗通办”的综合受理窗口提交，或者通过网页端、移动端提交（如果服务允许的话），甚至部分地区还设有 24 小时工作的自助办理终端网点。而审批事务的办理则由对应的专业人员在大数据平台的数据服务支持下完成，该项改革称为“无差别受理体系”。这样可以充分调动后台的人力和计算资源服务于不同的前台业务，并为其提供了具备弹性的处理能力。

在结构复杂度的控制中，“最多跑一次”的业务流程设计还体现出模块化和两级粒度控制的特点。第一级的粒度控制配合“受办分离”对办理流程进行粗粒度分解，大致分为前台受理、后台审批、公共支付和出件四个模块，针对不同的前端渠道和出件方式各有调整。第二级的粒度控制体现在流程设计过程中对办事事项的进一步分解上：把审批事项的要素和流程分解成基本的任务单元，实现事项情形、条件和材料的细粒度分解，把每个单元模块打上数据标签，从而实现模块的重用。利用这些模块，通过动态的表单定义，从而实现自动的受理页面生成。对于不同的事项处理流程，通过流程的编排能力，实现无差别化的事项受理的自动化。

在对过程复杂度的控制上，浙江省政府的主要举措是对可以纳入“最多跑一次”改革的审批流程完成精简和标准化处理，并作为统一的模式推广到全省。这一步骤看似比上面讲述的粒度控制简单，但实际上是依靠从2014年开始的行政审批梳理工作积累下来的经验和知识。而这些经验和知识也为模块化的流程设计提供了参考。

政府的数字化转型是一项持续不断的工作。浙江省政府“最多跑一次”政务服务改革的成功也是其不断深化改革和数字化转型的一个中间阶段。随着大数据平台的不断完善，浙江省将目光投向人工智能等技术和平台化、生态化的大数据应用，政务服务也逐渐从被动式向主动式变化。这同时也意味着对业务流程的不断优化和改进将会有新的发现和举措。从本案例中，我们也能感受到智能化流程和社交协同流程在当前数字化转型和数字社会的大背景下的重要作用。

业务流程柔性的实现不是简单的流程设计问题，而是牵涉一个组织方方面面的系统设计问题。本案例甚至涉及组织间的合作关系，例如跨层级和跨部门的数据共享与协同流程的问题。本书主张采用系统观和企业架构的视角来看待业务流程以及业务流程柔性的实现，并在第1章中介绍了相关的概念。在一定程度上，本案例为这些概念提供了一个在工作实践中的参照。

“最多跑一次”改革的过程涉及不同利益相关者的立场和诉求。这些利益相关者包括但不限于服务的使用者（市民、企业等），省级政府（改革的主导者），省级部门，市、县级政府，市、县级部门，各地的综合性行政服务中心，省级大数据管理中心和“最多跑一次”改革办公室等特设机构，云技术和云服务提供商，数据分析业务的提供商，移动办公等应用的开发和维护方等技术服务组织。这些不同的利益相关者在面对流程柔性问题时，往往采用不同的视角去看待。在本案例中，我们分别从流程设计的主导方和流程设计的配合方两个相对应的角度展示了“V”字理论模型是如何工作的。在调研的过程中，我们还获悉了其他一些视角的观点和模型，包括从多级分布式数据仓库的视角来展示数据归集的过程，以及从数据管理的视角来看待数据清理和数据分析的过程。由于涉及不同领域的专业技术并且与业务流程不是直接的关系，这些方面的内容并未纳入案例中详细介绍。然而，这并不意味着这些利益相关者和对应领域的设计方案与技术措施对于业务流程柔性没有影响。恰恰相反，在本案例当中，云基础设施的建设和数据的集成应用是实现“最多跑一次”服务业务流程柔性的重要因素。

除了以上技术因素，浙江省各级政府机构和部门的调整也是影响因素之一。我们虽然无法调研和了解全省所有的机构改革行动，但是有两项举措是与流程的再造有关的。一个是全省各个政务服务中心的调整，包括综合窗口的设立，以及在设立该类窗口之前对各类服务人员的调整和培训等举措。另一个是全省各级大数据中心的建立，包括随之建立的各级政府和部门相互配合进行的业务流程调整的相关机制等举措。由此可见，各级大数据中心的建立在推动改革，尤其是推动业务流程的再造和各级部门配合工作等方面起到了积极的协调作用。

在技术和组织的转变之外，政府服务人员工作方式的转变也是一个不可忽视的因素。移动办公平台的使用带来了政府服务工作的扁平化管理，该平台不仅仅是信息传递和沟通的工具，同时也是各种业务系统的接口，并允许工作人员在工作电脑和移动设备之间自由切换。这使得该平台成为服务人员实际意义上的工作环境。多设备切换和随时随地的内容获取是移动互联网形式的工作方式，在对时间碎片的有效利用上具有明显的优势。这种工作方式的转变对提高流程中人工任务的处理效率有着正向的作用。

在本案例中，我们观察到基础设施、大数据的使用、组织结构的调整和工作方式的转变都是实现和提高流程柔性的重要因素。这种涉及组织不同层面上的元素以及它们之间的相互关系的问题正好是企业架构所涉及的范畴。从这个意义上讲，从根本上实现和提高业务流程柔性是一个架构问题。本案例当中涉及不同架构领域的多个架构原则，例如应用“一云两端”的原则来设计数据和业务系统的供给与消费关系，以及使用多级数据中心及其管辖的数据仓库进行数据归集的设计。此外，本案例还通过介绍省级大数据中心的架构来说明数据架构是如何间接地关联组织的业务设计的。

企业架构以及在该概念下的业务架构、应用架构、数据架构和技术架构等子领域对业务流程管理的影响一直是企业信息系统研究和应用当中的重要话题。如今，这一话题更是被加上了数字化转型的时代背景。在本书的结尾，我们强调企业架构的工作应当帮助组织从根本上考虑和设计业务系统和业务流程，并最终实现和提高流程的柔性。

附录 A　BPMN 2.0 简介

BPMN（business process modeling notation）在中文语境下通常被翻译为“业务流程建模符号”。BPMN 2.0 版本由 OMG（The Object Management Group）在 2011 年发布。OMG 是一个国际化的、开放成员的、非营利性的计算机行业标准协会，成立于 1989 年。BPMN 的主要作用是通过一种图形化的符号提供理解业务内部过程的能力，并使得组织之间能够以一种标准化的方式交流这些业务流程。本附录简要地介绍 BPMN 2.0 标准中的各个符号。所使用的资料主要来自于 BPMN 的官方网站（http://www.bpmn.org/），北京交通大学等单位对 BPMN 图元术语的翻译，Denis Gagné 和 Simon Ringuette 所整理的“BPMN Quick Guide (second edition)”（https://www.bpmnquickguide.com/）以及其他相关网络资源。

BPMN 基本建模元素

元素	解　释	符号示例
事件	事件图元是对流程中某个事件进行标注的符号。这些事件会影响流程模型的走向，通常有一个原因（trigger）或者一个影响（result）	 开始　中间事件　结束

续表

元素	解　　释	符号示例
活动	活动图元泛指企业在流程当中所执行的工作。一个活动可以是原子性的或者非原子性（复合）的，其相对应的类型是一个任务或者是子流程	
网关	网关图元用于控制流程的分支和聚合	
顺序流	顺序流图元用于表达活动在一个流程中执行的顺序关系	
消息流	消息流图元表示消息在发送和接收双方之间的流动	
关联	关联图元用于建立信息或人工物与 BPMN 图元之间的联系	
泳池	池图元表示协作中的一个参与者。泳池可以作为容器将一部分活动从其他泳池中分隔出来。该图元通常用于 B2B 的情景下	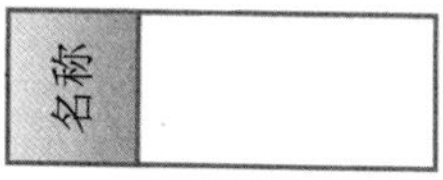
泳道	泳道图元通常出现在泳池内，是对流程的子划分。这种划分可以垂直或者水平，用于对活动进行组织和分类	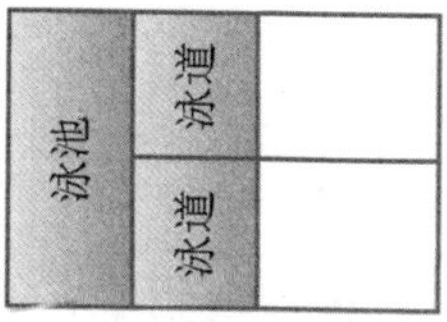
数据对象	数据对象图元提供关于活动被执行时需要的信息或其所产生的信息。数据对象可以是单一的对象或者是对象的集合	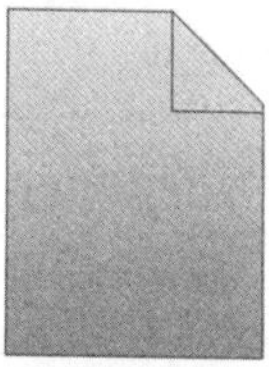
消息	消息图元用于描述两个参与者之间通信的内容	

续表

元素	解　　释	符号示例
组	组图元用于将同一类别的内容进行分组。图元中可以出现分类的名称作为标签。组是对象分类可视化的一种方法	
文本注释	文本注释图元允许建模人员在BPMN图形中为读者提供额外的文本信息	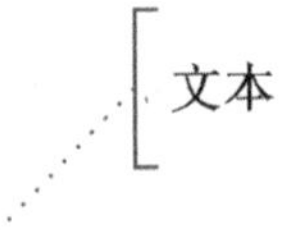

事件图元

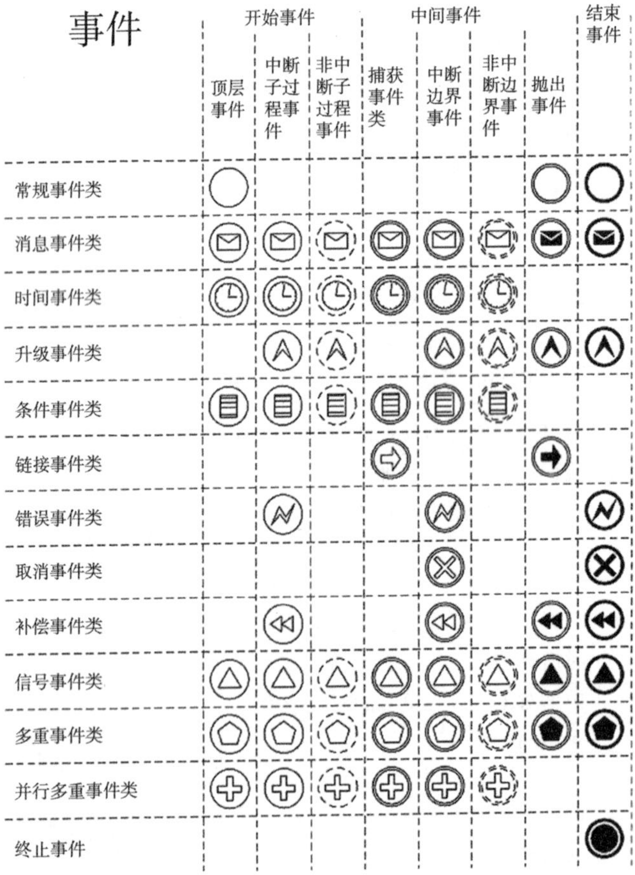

事件图元按照在流程中的位置分为三大类：开始事件类、中间事件类、结束事件类；按事件类型可以分为如下 13 种：

①常规事件类：为无类型事件类，表示状态的开始、转换或结束。

②消息事件类：带有消息参数的事件，可以接收或发送消息。

③时间事件类：表示时间点（定时和超时）以及时间区间。

④升级事件类：从当前的业务过程跳转到更高层级的业务流程。

⑤条件事件类：业务条件改变或引入新的业务规则时引发的事件。

⑥链接事件类：将在不同位置上的业务流程连接成一个过程。

⑦错误事件类：捕获或抛出已知的错误事件。

⑧取消事件类：包括无响应取消和有响应取消。

⑨补偿事件类：触发补偿处理过程。

⑩信号事件类：在不同业务过程之间传递信号，一个信号可以被多次发送。

⑪多重事件类：多重事件包含种可能的触发事件，执行时根据捕获的消息决定抛出的特定类型的事件。

⑫并行多重事件类：包含多种可能的触发事件，执行时根据捕获的消息可并行地抛出多种类型事件。

⑬终止事件：立即结束流程。

活动图元可以分为以下 4 大类型：

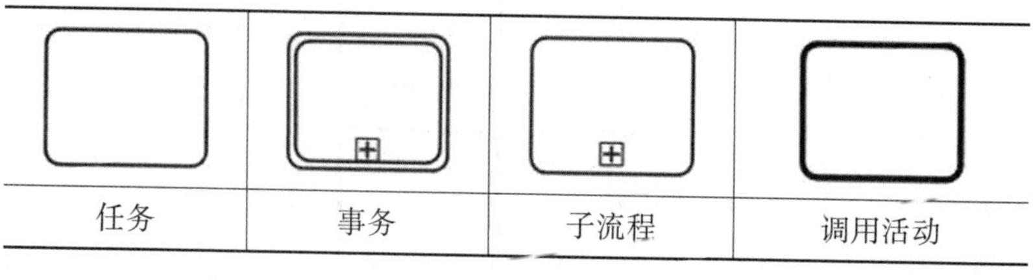

①任务：任务是流程当中具有原子性的活动，是流程中的最小单元。当任务图元被使用时，表示该项工作在业务流程当中将不会再被分解成更细层次上的流程具体细节。

②事务：事务是一系列活动，这些活动逻辑上紧密地联系在一起。它遵循着特定的事务规约。

③子流程：子流程是一个活动的内部细节建模，使用活动、事件和网关以及序列流。子流程是流程内部的一个图形对象，但是它也能够被打开来展现更低一层的流程。

④调用活动：调用活动是全局有效的已定义的子过程，作为一个子流程的封装体，它可以被其他过程复用。

各种类型的任务与调用活动

	抽象任务		抽象调用活动
	服务任务		
	发送任务		
	接收任务		
	人机任务		人机调用活动
	手工任务		人工调用活动

续表

	业务规则任务		业务规则调用活动
	脚本任务		脚本调用活动

子流程的折叠与展开状态

	折叠状态	展开状态
子流程		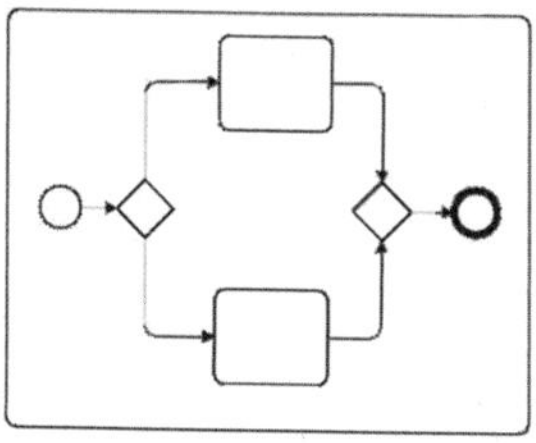
自由子流程		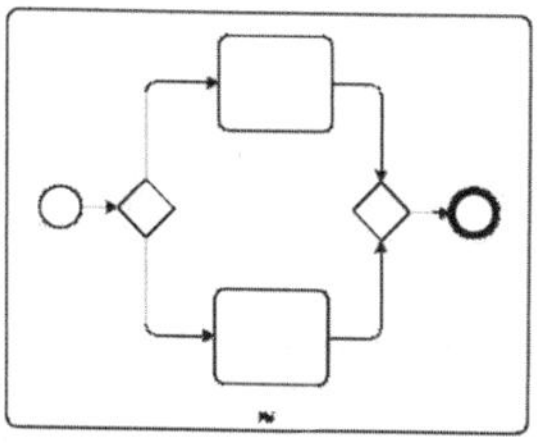
事务		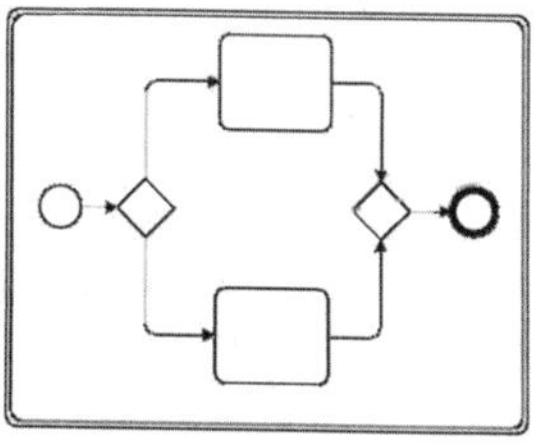
事件子流程	见下表	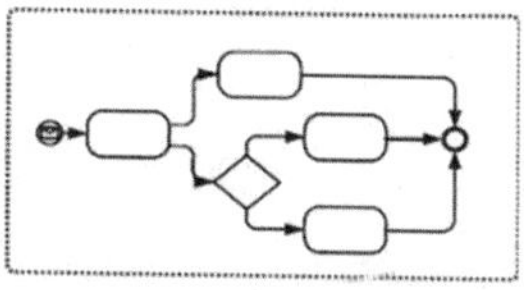

各类事件子流程（折叠状态）

符号	事件子流程类型	符号	事件子流程类型
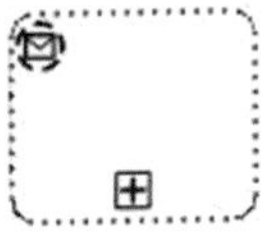	非中断性消息事件子流程	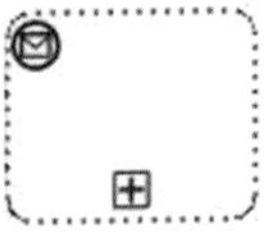	中断性消息事件子流程
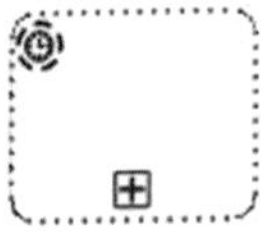	非中断性计时事件子流程	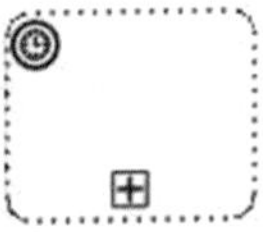	中断性计时事件子流程
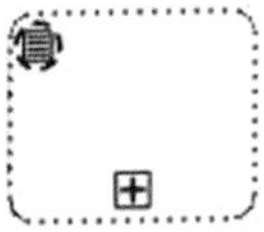	非中断性条件事件子流程	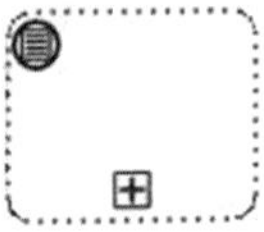	中断性条件事件子流程
	非中断性信号事件子流程	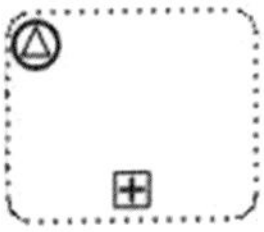	中断性信号事件子流程
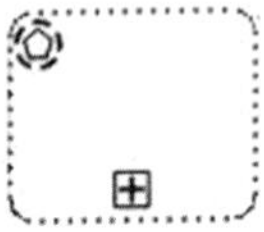	非中断性多重事件子流程	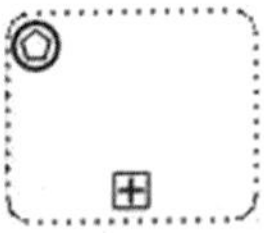	中断性多重事件子流程
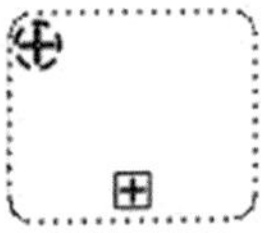	非中断性平行多重事件子流程	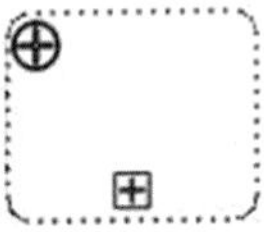	中断性平行多重事件子流程
	非中断性升级事件子流程	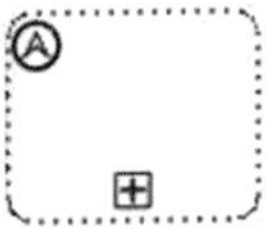	中断性升级事件子流程
	中断性错误事件子流程	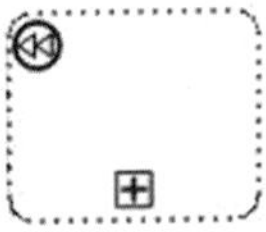	中断性补偿事件子流程

网　关

符号	名称	解　释
	互斥网关（无标记）	对于流程分解的情况，当活动流抵达该网关时，将会在所有满足条件的流出分支中，按照既定的规则选取其中一个分支执行。对于流程归并的情况，当有一个活动流抵达该网关时，即执行流出分支
	互斥网关（带标记）	
	相容网关	对于流程分解的情况，当活动流到达该网关时，执行所有满足条件的流出分支
	并行网关	对于流程分解的情况，当活动流抵达该网关时，并行地执行后续所有流出分支。对于流程归并的情况，当所有的活动流都抵达该网关时，即执行流出分支
	复杂网关	其他网关不能表达的归并与分解的行为均采用此网关，其主要作用是表达同步的行为。它允许多个分支流入并连接多个流出分支。复杂网关携带多个参数，并由参数的设定来表达该网关的具体语义。这四个参数是： （1）activationCondition：定义了触发该网关的条件，即流入分支一种组合状态 （2）default：网关无参数定义时选择的流出分支 （3）activationCount：定义了触发网关动作的令牌数 （4）waitingForStart：定义了网关是否启动流出分支的布尔量
	事件网关	该网关总是与捕获事件或任务接收对象相连，当活动流抵达该网关时，总是选择后续最早发生的事件分支执行
	互斥事件网关	该网关可以产生多个事件，每个事件触发一次过程的执行
	并行事件网关	该网关可以同时产生多个事件，所有的这些事件仅触发一次过程的执行

各种类型的流

符　　号	类　　型
	顺序流
	条件顺序流
	缺省顺序流
	消息流
	发起消息流（带图标）
	非发起消息流（带图标）
	数据关联
	关联
	单向关联
	双向关联

数据对象类型

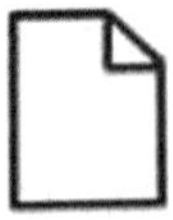	数据对象：代表流程中流动的信息，例如：业务文件、E-mail 、信件		数据对象集：表示数据对象的集合，例如：订单列表。
	数据输入：整个流程中可以被活动读取的外部数据		数据输入集
	数据输出：作为整个过程结果输出的结果变量		数据输出集
	数据存储：存放流程数据的地方，例如数据库或文件。其生命周期超过了流程实例的生命周期，即流程实例结束了，数据也依然存在		

附录 B　猪八戒网的知识领域

表 B1　　　　猪八戒网知识领域分类表一

知识领域大类	一级知识领域	二级知识领域
LOGO/VI设计、包装/卡片设计	企业支付	企业支付
	LOGO/VI设计	LOGO 设计　VI 系统设计　SI 连锁品牌形象设计　导视系统设计
	包装设计	包装设计　食品包装　酒水包装　茶类包装　化妆品包装　粽子包装　袋装设计　盒型设计　容器造型设计　包装印刷
	卡片设计	标签设计　明信片设计　PVC 卡设计　贺卡设计　吊牌设计　工作证设计　名片设计　请柬设计　卡片印刷　其他卡片设计
广告/宣传品设计、书籍/PPT 设计	广告设计	广告安装　美陈设计　美陈安装　广告牌设计　户外广告设计　易拉宝设计　横幅设计　展台设计　其他广告设计
	宣传品设计	宣传品印刷　宣传册设计　台历设计　宣传单设计　海报设计　其他宣传品设计　菜谱设计
	书籍设计/PPT 设计	排版设计　封面设计　扉页设计　电子书设计　PPT 设计

续表

知识领域大类	一级知识领域	二级知识领域
电商服务	店铺设计	整店装修 首页设计 详情页设计 活动页设计 其他设计 店铺海报设计 摄影服务 钻展设计 直通车设计 H5 设计 店招设计 广告推广图
	人力外包	客服外包 美工外包 呼叫外包
	店铺推广	流量推广 店铺优化 电商营销 分销 平台推广 宝贝收藏 淘宝客推广 标题优化 打造爆款 移动端流量 活动预热 H5 推广 搜索优化
	店铺运营	淘宝/天猫运营 店铺数据分析 店铺活动策划 代开店服务 店铺排名分析 众筹策划 代上活动 京东运营 微信运营 国美/苏宁运营 自建电商运营
	其他电商服务	商家管理工具 跨境电商推广 跨境电商设计 跨境电商翻译 企业服务
公司起名/宝宝起名/翻译	起名取名	公司起名 产品取名 店铺取名 网站取名 成人改名 网名改名 品牌起名 保证注册 人物起名
	翻译	文件翻译 资料翻译 文献翻译 网页翻译 合同翻译 英语翻译 小语种翻译 口译

表 B2 **猪八戒网知识领域分类表二**

知识领域大类	一级知识领域	二级知识领域
品牌/产品/活动/营销策划、文案撰写	品牌策划	品牌文案 品牌营销策划 品牌推广策划 品牌全案策划 电商品牌策划 企业品牌策划 品牌数字营销策划 品牌提升策划 品牌广告语
	产品策划	产品文案 产品营销策划 产品推广策划 产品全案策划 电商产品策划 产品数字营销策划
	活动策划	活动策划 落地执行
	文案撰写	营销软文 专业代笔 电商文案 商业计划 文学创作 编辑校对 广告类创意文案
	营销策划	网络营销策划方案 传统营销策划方案 营销策略

续表

知识领域大类	一级知识领域	二级知识领域
营销/策划/推广、SEO	网络营销	整合营销 口碑营销 新闻营销 邮件营销 短信营销
	网络推广	视频推广 论坛推广 QQ推广 SNS推广 博客推广 网站注册投票 分类信息平台 文库经验推广 贴吧 B2B平台 活动报名 其他推广
	移动端推广	微博营销 微信营销 自媒体推广 APP推广
	SEO优化	站内优化 关键词优化 友情链接 外链优化
	广告投放/开户	线上硬广 广告投放 广告开户
	线下推广	线下APP推广 线下微信推广 线下游戏推广 活动执行 兼职任务
网站建设、UI设计	网站建设、前端开发、测试维护	网站安全 域名服务 手机网站 企业网站 电商网站 金融理财网站 Flash网站 政府网站 模板建站 网站二次开发 网站定制开发 前端开发 网站测试 网站维护
	UI设计	网站UI设计 软件界面设计 移动应用UI设计 网页设计
漫画/动画设计、动画配音	动画外包	动画项目整包 三维动画中期外包 动画前期外包 动画后期外包 二维动画中期外包
	漫画设计	插画 原画 画像 卡通形象 四格漫画 其他漫画设计 漫画延伸品设计
	动画设计	3D全息投影 动漫文案策划 动画衍生品设计 二维动画制作 三维动画制作 动画配音
影视拍摄/后期、音乐制作	影视后期	脚本创作 分镜设计
	影视拍摄	宣传片 MV 微电影 广告 会议视频
	影视后期	剪辑服务 画面校色 添加字幕 特效制作 配音 场景搭建 配乐
	音乐制作	作曲 作词 小样 编曲 混音 录音

续表

知识领域大类	一级知识领域	二级知识领域
装修设计、装修施工、展会展厅	公装施工	公装施工　施工造价　施工监理　消防申报　劳务输出　幕墙工程　设备安装
	展会展厅	展厅设计　展台搭建　货架定制　商业模型
	公装设计	公装效果图软装设计　餐饮娱乐设计　行政楼设计　服务设施设计　公益设施设计　公装店铺设计　门头设计制作
	装修服务	风水咨询　装修监理　环保监测
	家装服务	家装设计　家装施工

表 B3　**猪八戒网知识领域分类表三**

知识领域大类	一级知识领域	二级知识领域
软件开发/微信/APP 开发	微信/APP 开发	企业 APP　社交 APP　生活 APP　娱乐 APP　点餐 APP　生鲜电商 APP　旅游 APP　教育 APP　新闻资讯 APP　微商城　微酒店　微餐饮 APP 开发　微信开发
	企业管理软件	ERP　CRM　OA　HR　SCM　CMS　PLM　进销存软件　财务软件　销售管理软件　订单管理软件　项目管理软件　资产管理软件　成本管理软件　车间管理软件　设备管理软件　质量管理软件　分销系统软件　生产制造管理软件　考勤系统软件　机房管理系统软件　其他
	工具软件	增强现实（AR）　虚拟现实（VR）　科学和工程计算软件　文字处理软件　数据处理软件　图形软件　图像处理软件　应用数据库软件　事务管理软件　CAD/CAM　控制类软件　智能软件　仿真软件　网络应用软件　安全与保密软件　软件插件开发　其他工具

续表

知识领域大类	一级知识领域	二级知识领域
软件开发/微信/APP 开发	行业应用软件	电商系统软件　通信通讯软件　计算机软件　物联网　互联网应用软件　工业控制软件　交通运输软件　金融理财软件　医疗软件　物业管理软件　视频直播软件　仓储物流软件　工程建筑软件　智能家居软件　能源软件　安监系统软件　餐饮软件　社交软件　娱乐软件　购物软件　教育教学软件　商业贸易软件　行政管理软件　GPS/地图软件　其他行业
	嵌入式软件	安卓系统开发　linux 系统开发　单片机系统开发　蓝牙系统软件开发　WIFI 系统软件开发　手机平板系统开发　其他软件
游戏/技术服务	游戏	棋牌游戏　H5 游戏　APP 游戏　游戏角色设计　原画设计　场景设计　游戏 UI　游戏音乐　游戏视频　游戏开发　游戏插件开发　游戏代练　游戏取名　游戏策划　游戏评测　游戏翻译　游戏试玩
	技术服务	脚本制作　数据采集　小工具制作　远程协助
建筑、工程、园林、效果图、建模	效果图	建筑　景观　规划　彩平图文本制作　建筑动画　鸟瞰图　其他效果图
	自建房/别墅	民宿　自建房　别墅　农家乐　其他自建房
	3D 建模	3DS　Max　SKetchUP　Solidworks　Revit　Maya　Rhino　UG　Catia　其他 3D 建模
	建筑设计	住宅　商业　写字楼　酒店　学校　医院　集装箱　其他建筑
	景观园林	度假村　公园　道路　居住区　商业景观　办公校园　庭院　雕塑小品　其他景观
	其他工程设计	路桥　市政　水利　火电　幕墙　钢结构　建筑智能化系统　其他工程

续表

知识领域大类	一级知识领域	二级知识领域
法律/商务/生活咨询、印刷服务	咨询问答/印刷服务	法律咨询　商务咨询　生活咨询　印刷服务

表 B4　**猪八戒网知识领域分类表四**

知识领域大类	一级知识领域	二级知识领域
产品设计、制造服务、电路/机械设计	产品设计	产品外观设计　产品结构设计　产品打样
	制造服务	制造服务
	电路设计	电路设计　电路编程
	机械设计	机械设计
	服饰设计	服装设计　内衣设计　配饰设计　箱包设计　鞋靴设计
摄影摄像、图片后期	摄影、摄像、图片后期	摄像　摄影　修图
问卷调查、征集点子、数据收集	商业监察/数据收集	商业监察　数据收集　铺货检查　促销巡查　广告监测
	互动营销/客户邀约	互动营销　客户邀约　到店体验　样品派发　节目参与
	问卷调查/征集点子	问卷调查　征集点子
注册服务、工商业务、财务审计	注册服务	商标注册　专利注册　公司注册　版权登记
	工商业务	增资验资　企业变更　企业年检
	财务审计	代理记账　代理审计　财税疑难

续表

知识领域大类	一级知识领域	二级知识领域
生活服务、创意服务	生活服务	网络投票　家政服务　搬家服务　婚庆服务　家教服务　旅游服务　人脉服务　代办服务
	创意服务	创意表达　短信祝福　创意祝福　创意点子